ZHONGHUA RENMIN GONGHE
JIATING JIAOYU CUJIN FA PUFA JIAI

中华人民共和国
家庭教育促进法
普法讲堂

张婧◎著

中国法制出版社
CHINA LEGAL PUBLISHING HOUSE

▶ **序**

　　立德树人是教育的根本任务，家庭教育作为教育的开端，对一个人的成长成才有着非常重要的作用。重视家庭教育不仅是中华民族的优良传统，而且是增进家庭幸福、促进社会和谐、培养德智体美劳全面发展的社会主义建设者和接班人的必然要求。2022 年 1 月 1 日，我国首部家庭教育领域的专门立法《中华人民共和国家庭教育促进法》（以下简称《家庭教育促进法》）正式施行，标志着家庭教育全面纳入法治实施轨道。这是国家在教育改革领域的一项重要举措，以制度化、法治化的形式推动家庭家教家风建设，引导全社会重视家庭教育，为未成年人的健康成长、全面发展提供了法律保障。党的二十大报告再次对健全学校家庭社会育人机制，弘扬中华传统美德，加强家庭家教家风建设提出了明确要求。

　　法律的生命力在于实施。充分理解和准确把握《家庭教育促进法》的法律精神与要求是适用该法并将其落到实处的前提。《中华人民共和国家庭教育促进法普法讲堂》一书立足家庭家教家风建设工作实际，以《家庭教育促进法》中的重点、难点和热点问题为切入点，以专业的视角对重点法律条文进行了深入浅出的解读，对《家庭教育促进法》确定的各项制度进行了学理性的阐释，对当前家庭教育领域里群众关切的主要问题进行了积极有效的回应。同时，本书重视以案说法，从法律层面对相关典型案例展开分析；注重法律适用，从实务角度对相关法律法规及政策文件予以收录，方便对照，以供不同读者群体全面了解《家庭教育促进法》。

　　本书的作者既是一个从事教育工作的法律人，又是一个热心普法宣传的教育人。在繁忙的工作之余坚持普法写作，实属不易。由于本书的内容是作者结合自身工作经验持续关注和思考的结果，所以，本书将学理阐释和实务应用做了一个较好结合，从理论到实践，集知识性与体系性、通识性与解惑性于一体，既可以成为广大家长朋友学习《家庭教育促进法》的辅导用书，也可以成为教育工作者、青少年法律工作者的参考用书。相信这本书能够为不同读者群体准确理解适用《家庭教育促进法》提供有益参考和帮助。

潘中策

二〇二三年三月于

北京博雅西园

▶ 写在前面的话

家庭是社会的基本单元，是人生的第一所学校，而家庭教育则是人生的第一堂课。家庭教育不仅关乎青少年的健康成长和家庭的安宁幸福，而且事关社会的和谐稳定和国家的长远发展。党的十八大以来，习近平总书记站在培养担当民族复兴大任的时代新人的战略高度，就家庭教育作出一系列重要论述。党的二十大报告指出，要弘扬中华传统美德，加强家庭家教家风建设。这就为促进家庭教育的健康发展指明了方向，提供了遵循。

自古以来，我国就有"子不教，父之过"的道德传统。随着传统社会向现代社会的转型，家庭的结构和功能都发生着显著变化，对家庭教育也因时代发展和社会进步有了更高更新的要求。然而，很多父母对于"什么是家庭教育，怎样进行家庭教育"缺乏清晰的认识，在家庭教育的方式方法上缺乏科学性，家庭教育中存在的问题日益凸显。就此而言，家庭教育亟待引导与规范，从而更好地予以促进。2021 年 10 月 23 日，第十三届全国人大常委会第三十一次会议表决通过的《中华人民共和国家庭教育促进法》（以下简称《家庭教育促进法》）成为我国首部关于规范家庭教育的专门法律。该法的出台以法律形式将"家事"上升为"国事"，为促进家庭教育提供了法律依据。2022 年 1 月 1 日《家庭教育促进法》正式实施，如何深入学习并充分领悟该法的核心要义，如何在实践层面践行规范，成为推动该法落地实施的重要一环。为家庭、学校、政府、社会等各主体践行该法提供实务指引，正是本书的写作目的所在。

目录
CONTENTS

▶ 第一讲
家庭教育的基本问题

　　"天下之本在家。"[①] 家庭是社会的基本单元，是人生的第一所学校，而家庭教育则是人生的第一堂课。家庭教育不仅关乎未成年人的健康成长和家庭的幸福安康，而且事关社会的和谐稳定和国家的长远发展。正因如此，家庭教育不仅是每个家庭的"家事"，更是关系国家和民族的"国事"。

一、家庭教育的含义

　　关于家庭教育的概念，我国理论界和实务界存在不同的认识。从广义来看，家庭教育既包括家庭中的长辈对晚辈的教育，又包括同辈年长者对同辈年少者的教育；既包括长辈对未成年晚辈的教育，也包括长辈对成年晚辈的教育；既包括祖孙之间、父子（女）或母子（女）之间、

---

① （汉）荀悦撰：《申鉴》，龚祖培校点，辽宁教育出版社 2001 年版，第 3 页。

夫妻之间、兄弟姐妹之间等家庭成员之间的教育，也包括各种为提升家庭功能、增进家人关系而进行的教育活动。从狭义来讲，家庭教育仅指父母或者其他监护人对未成年人进行教育、引导和影响。从立法实践来看，在《家庭教育促进法》正式发布之前，我国部分省市如重庆、贵州、山西、江西、江苏、浙江、福建、安徽等已经制定并实施的关于家庭教育的地方性法规就采用了狭义概念。《重庆市家庭教育促进条例》第3条规定："本条例所称家庭教育，是指父母或者其他监护人对未成年子女的教育和影响。"《贵州省未成年人家庭教育促进条例》第3条规定："本条例所称的家庭教育，是指在家庭生活中父母或者其他有监护能力的家庭成员（以下简称其他家庭成员）对未成年人进行的教育、引导和积极影响。"《山西省家庭教育促进条例》第2条第2款规定："本条例所称家庭教育，是指父母或者其他监护人对未成年人的教育和影响。"《江苏省家庭教育促进条例》第3条规定："本条例所称家庭教育，是指父母或者其他监护人以及有监护能力的家庭成员通过言传身教和生活实践，对未成年人进行的正面引导和积极影响。"

《家庭教育促进法》采用了家庭教育的狭义概念，该法第2条对家庭教育的定义作出了明确界定。所谓家庭教育，是指父母或者其他监护人为促进未成年人全面健康成长，对其实施的道德品质、身体素质、生活技能、文化修养、行为习惯等方面的培育、引导和影响。

从这个定义出发，我们理解和把握家庭教育的内涵需要注意以下几个问题：

一是家庭教育的主体和家庭教育的对象分别是谁？根据《家庭教育促进法》的规定，家庭教育的主体是未成年人的父母或者其他监护人。与此相应，家庭教育的对象是未成年人，即未满18周岁的公民。

二是家庭教育的目的何在？家庭教育的目的就在于通过家庭教育的

正确有效实施，保护未成年人的权利，促进未成年人的健康成长和全面发展。由于未成年人正处于身心发育由不成熟逐渐走向成熟的重要阶段，未成年人的世界观、人生观和价值观正处于逐步树立并走向成熟的关键时期，作为未成年人成长过程中不可或缺的家庭教育的实施者，父母或者其他监护人应当给予未成年人正确的培育、引导和影响。这就要求，父母或者其他监护人要站在培养德智体美劳全面发展的社会主义建设者和接班人的高度，明确自身所肩负的责任与义务，不断提高思想认识水平和家庭教育水平，关心、保护并促进未成年人的健康成长和全面发展。

　　一方面，要通过家庭教育促进未成年人的健康成长。随着时代发展和社会进步，人们对健康的认识也在持续更新。20世纪80年代，世界卫生组织对健康的定义进行了补充，认为健康包括躯体健康、心理健康、社会适应良好和道德健康。由此可见，健康的含义扩展为四个方面，不仅包括身体健康和心理健康，而且包括社会健康和道德健康。身体健康主要包括生命安全、肢体健全和机能正常。心理健康主要包括智力发育正常、情绪稳定、正确认识和把握自己、人际关系良好、生活态度积极乐观等。社会健康即社会适应良好，主要是指具有良好的人际交往能力、沟通能力和社会适应能力等。道德健康主要包括具有良好的信仰、高尚的道德情操和完美的人格等。我国高度重视全体人民的健康问题。《"健康中国2030"规划纲要》对提高全民健康素养提出了明确要求。《中共中央关于制定国民经济和社会发展第十四个五年规划和二〇三五年远景目标的建议》明确把建成健康中国作为2035年基本实现社会主义现代化的远景目标之一，提出要全面推进健康中国建设，把保障人民健康放在优先发展的战略位置；提出要建设高质量教育体系，重视青少年身体素质和心理健康教育等。在家庭教育中，父母或者其他监护人要对未成年人进行正确的培育、积极的引导和正向的影响，而不得侵犯未成年人身心健康或者不依法履行对未成年人的家庭教育义务。

另一方面，要通过家庭教育促进未成年人的全面发展。促进未成年人的全面发展是促进人的全面发展和社会全面进步的必然要求。未成年人是国家的未来和民族的希望，培养担当民族复兴大任的时代新人是新时代教育所担负的使命。《教育法》第4条明确了教育的重要地位，即教育是社会主义现代化建设的基础，对提高人民综合素质、促进人的全面发展、增强中华民族创新创造活力、实现中华民族伟大复兴具有决定性意义。然而，在现实生活中，存在重视未成年人智力培养，却相对忽视其品德、体质、审美及劳动发展的个别倾向。要想从根本上解决这一问题，就要明确未成年人全面发展的科学内涵，树立正确的人才观和教育观，运用科学的方法和正确的方式抚养教育未成年人。未成年人的全面发展包括品德、智力、体质、美育和劳动等各个方面的全面发展。着眼未成年人全面发展，未成年人的父母或者其他监护人要在家庭教育中担负起应有的教育责任与义务。

三是家庭教育有哪些内容？家庭教育的内容非常丰富，《家庭教育促进法》对此作出了引导性的规定。根据《家庭教育促进法》第2条的规定，家庭教育的内容主要包括道德品质、身体素质、生活技能、文化修养、行为习惯等五个方面。

其一，培养未成年人道德品质。道德品质是一定社会的道德原则和规范在个人思想和行为中的体现。一个人的道德品质是道德心理、道德意识和道德行为的统一体，通过一系列的道德行为表现出来，具有相对稳定性。家庭教育涉及诸多方面，其中最为重要的一个方面就是品德教育。品德教育是指对受教育者有目的地施以道德影响的活动，是家庭教育的核心内容。养成良好的思想品德和行为习惯是受教育者应当履行的义务。青少年时期是塑造道德品质的关键时期，作为新时代的父母或者其他监护人，要对未成年人进行社会主义道德原则和道德规范的教育，进行个人品德、家庭美德、社会公德、环境道德的教育，培养未成年人拥有正确的道德认识、高尚的道德情感、坚强的道德意志和良好的道德行为习惯，教育和引导未成年人养成良好的思想品德。中华全国妇女联合会、教育部颁布的《家长家庭教育基本行为规范》第4条规定："注重子女品德教育，引导子女爱党、爱国、爱人民、爱社会主义，形成尊老爱幼、明礼诚信、友善助人等良好道德品质，遵守社会公德，增强法律意识和社会责任感，养成好思想、好品行、好习惯。"

其二，关心和关注未成年人的身体素质。"体者，为知识之载而为道德之寓者也。其载知识也如车，其寓道德也如舍。"① 良好的身体素质是未成年人从事各项活动并实现全面发展的本源和基础。未成年人的身体正处于生长发育阶段，父母或者其他监护人应当密切关注未成年人的身体健康，及时发现未成年人可能出现的营养不良、近视、肥胖、龋齿等倾向；对于影响和降低未成年人体质的不良习惯，应当进行矫正；家庭教育与学校教育应当相互配合，共同致力于减少和改善未成年人近视、肥胖等不良健康状况。同时，要适应未成年人身心发展的规律和特点，培养其良好的卫生习惯和健康的行为习惯。

其三，对未成年人生活技能的培养。未成年人成长为"社会人"需要接受来自生活技能方面的教育，主要包括必要的科学知识、生活常识、安全知识、劳动技能和安全技能等，从而更好地参与社会生活。父母或者其他监护人应当教给未成年人基本的生活常识，引导其实现生活自理。要培养未成年人从小树立辛勤劳动、诚实劳动、创造性劳动的正

---

① 中共中央文献研究室、中共湖南省委《毛泽东早期文稿》编辑组编：《毛泽东早期文稿》，湖南人民出版社2013年版，第57页。

确劳动观念，杜绝好吃懒做、好逸恶劳、游手好闲、投机取巧、坐享其成等错误观念和倾向。帮助未成年人掌握劳动技能，促使其学会劳动并经常参加劳动，培养其热爱劳动、吃苦耐劳的优秀品质，并通过劳动磨炼意志、锻炼自身。

其四，培育和影响未成年人的文化修养。在家庭教育中，应当继承和弘扬中华优秀传统文化、革命文化、社会主义先进文化，吸收人类文明发展的一切优秀成果。培养子女健康的审美情趣和审美能力，引导和鼓励子女亲近大自然，参加社会实践和公益活动，善于发现美、欣赏美、创造美，陶冶高尚情操，提升文明素质。

其五，引导未成年人养成良好的行为习惯。青少年时期是未成年人行为习惯养成的关键阶段。父母或者其他监护人以健康的思想、良好的品行和适当的方法教育和影响未成年人，帮助其养成良好的行为习惯。在家庭教育中，要注重培养未成年人健康的生活习惯，父母或者其他监护人要关注未成年人的生理、心理状况，引导未成年人进行有益身心健康的活动；引导未成年人关注个人卫生和环境卫生，培养其养成良好的卫生习惯。要注重培养未成年人良好的学习习惯。父母或者其他监护人要引导未成年人保持蓬勃朝气、旺盛活力和昂扬向上的精神状态，激发学习兴趣，激励其勤奋学习、大胆实践、勇于创造，理性帮助其确定成长目标。要促进未成年人养成遵纪守法的行为习惯，父母或者其他监护人要学习并掌握家庭法治教育内容与方法，根据青少年的身心特点和接受能力，有针对性地进行法治教育，使未成年人从小懂得应该遵循的基本行为准则，帮助其树立社会主义法治理念和权利义务观念，养成学法守法的行为习惯。

二、家庭教育的根本任务

培养什么人，怎样培养人，为谁培养人是教育的根本问题。作为教育的一个重要组成部分，家庭教育在根本任务方面，与学校教育、社会教育具有一致性。家庭教育要以立德树人为根本任务，促进未成年人的健康成长。这是促进人的全面发展的重要前提和基础。《家庭教育促进法》第 3 条规定："家庭教育以立德树人为根本任务，培育和践行社会主义核心价值观，弘扬中华民族优秀传统文化、革命文化、社会主义先进文化，促进未成年人健康成长。"这就明确了家庭教育所担负的任务、所具有的功能和作用。

(一) 家庭教育承担着立德树人的根本任务

党的二十大报告指出："育人的根本在于立德。全面贯彻党的教育方针，落实立德树人根本任务，培养德智体美劳全面发展的社会主义建设者和接班人。"[①] 这就为进一步做好教育工作和人才培养工作指明了方向。全面建设社会主义现代化国家，国家的快速发展、社会的长足进步亟待培养更多适应高质量发展、高水平自立自强的各类人才。作为未成年人的父母或者其他监护人首先要提高自身政治站位，更新教育观念，引导未成年人胸怀"国之大者"，坚持德智体美劳全面发展，努力成为祖国建设的栋梁之材。

家庭落实立德树人的根本任务，就要引导未成年人坚定理想信念、厚植爱国情怀、加强品德修养、增长知识见识、培养奋斗精神、增强综合素质。

(二) 家庭教育肩负着培育和践行社会主义核心价值观的任务

党的十八大报告提出了"倡导富强、民主、文明、和谐，倡导自

---

① 习近平：《高举中国特色社会主义伟大旗帜 为全面建设社会主义现代化国家而团结奋斗——在中国共产党第二十次全国代表大会上的报告》，人民出版社 2022 年版，第 34 页。

由、平等、公正、法治，倡导爱国、敬业、诚信、友善，积极培育和践行社会主义核心价值观"①的要求。党的十九大报告提出，培育和践行社会主义核心价值观要"从家庭做起，从娃娃抓起"。②党的二十大报告指出，"用社会主义核心价值观铸魂育人，完善思想政治工作体系，推进大中小学思想政治教育一体化建设"。③家庭作为社会的基本细胞，要主动配合学校教育，发挥家庭教育在培育和践行社会主义核心价值观中的重要作用，推动社会主义核心价值观在家庭落地生根，以良好的家庭氛围巩固学校教育成果，与社会、学校形成育人合力。

积极培育和践行社会主义核心价值观是落实立德树人根本任务的核心要求。培育和践行社会主义核心价值观，要尤为注重从少年儿童抓起。作为未成年人的第一任老师，父母或者其他监护人要加强对未成年人社会主义核心价值观的教育，引导未成年人把社会主义核心价值观的基本内容熟记熟背，结合自身学习和生活实践逐步加深理解，自觉将社会主义核心价值观内化于心、外化于行。

具体而言，在家庭教育中，大力普及"爱国守法、明礼诚信、团结友善、勤俭自强、敬业奉献"的基本道德规范，要引导未成年人树立正确的祖国观、民族观、文化观、历史观，培养爱祖国、爱人民、爱劳动、爱科学、爱社会主义的公德，不断增强对伟大祖国、中华民族、中华文化、中国共产党和中国特色社会主义的认同，自觉抵制资本主义、封建主义和其他腐朽思想的侵蚀，牢固树立心中有祖国的意识；引导未成年人懂得为人做事的基本道理，增强社会主义的公民意识和法治意

---

① 《十八大报告辅导读本》，人民出版社 2012 年版，第 32 页。
② 习近平：《决胜全面建成小康社会 夺取新时代中国特色社会主义伟大胜利——在中国共产党第十九次全国代表大会上的报告》，人民出版社 2017 年版，第 42 页。
③ 习近平：《高举中国特色社会主义伟大旗帜 为全面建设社会主义现代化国家而团结奋斗——在中国共产党第二十次全国代表大会上的报告》，人民出版社 2022 年版，第 44 页。

识，养成遵纪守法的良好习惯，积极倡导集体主义精神和社会主义人道主义精神，牢固树立心中有集体的意识；引导未成年人从自己做起、从身边做起、从小事做起，养成好思想和好品德，具备文明生活的基本素养，树立心中有他人的意识，学会处理人与人、人与社会、人与自然等基本关系；引导未成年人自尊自信自立自强。

（三）家庭教育要弘扬中华优秀传统文化、革命文化、社会主义先进文化

弘扬中华优秀传统文化、革命文化、社会主义先进文化，是坚定文化自信的必然要求，也是教育的重要内容。《教育法》第 7 条规定："教育应当继承和弘扬中华优秀传统文化、革命文化、社会主义先进文化，吸收人类文明发展的一切优秀成果。"

家庭教育要担负起弘扬中华优秀传统文化、革命文化和社会主义先进文化的责任，引导未成年人树立共同的理想信念、价值理念和道德观念，更好构筑中国精神、中国价值和中国力量。

中华民族是一个有着 5000 余年历史文明的古老民族，在长期实践中，形成了独特的思想理念、道德规范和传统美德。中华优秀传统文化不仅是中华民族的精神命脉，也是涵养社会主义核心价值观的重要源泉。《中共中央 国务院关于进一步加强和改进未成年人思想道德建设的若干意见》中指出，要弘扬和培育以爱国主义为核心的伟大民族精神，引导广大未成年人认识中华民族的历史和传统。在家庭教育中弘扬中华优秀传统文化，就要将中华民族所形成的思想理念、道德规范和传统美德持续发扬光大，用中华优秀传统文化浸润未成年人的心灵。例如，要弘扬自强不息、敬业乐群、扶正扬善、扶危济困、见义勇为、孝老爱亲等传统美德；引导未成年人树立正确的审美观念，陶冶高尚的道

德情操；引导未成年人在传承中华优秀传统文化的同时汲取中国智慧，赓续精神血脉，进一步弘扬中国精神、传播中国价值；等等。

革命文化和社会主义先进文化是我们党领导人民在革命、建设与改革的伟大斗争中孕育和创造的，是新时代中国特色社会主义文化的重要组成部分。传承革命文化、发展社会主义先进文化是家庭教育应自觉承担起的任务。父母或者其他监护人要用优良的家风家教培育未成年人，引导其学习英雄人物、先进人物，善于从中华民族传统美德中汲取道德滋养，激发未成年人的爱国热情，传承红色基因，赓续红色血脉。

三、家庭教育应遵循的要求与原则

家庭教育具有自身的特点，并需要符合特定的要求。《家庭教育促进法》第 5 条对家庭教育应当符合的要求予以明确："家庭教育应当符合以下要求：（一）尊重未成年人身心发展规律和个体差异；（二）尊重未成年人人格尊严，保护未成年人隐私权和个人信息，保障未成年人合法权益；（三）遵循家庭教育特点，贯彻科学的家庭教育理念和方法；（四）家庭教育、学校教育、社会教育紧密结合、协调一致；（五）结合实际情况采取灵活多样的措施。"

一是尊重未成年人身心发展规律和个体差异。未成年人的身心发展既有连续性又有阶段性，具有特定的规律性。同时，未成年人的成长又存在一定的个体差异性。因此，在家庭教育中，父母或者其他监护人应当依据未成年人在不同发展阶段的特点和不同未成年人个体的特殊个性开展具有针对性的教育和引导。只有尊重未成年人身心成长的内在规律和个体差异，才能确保家庭教育取得实效。2019 年，中华全国妇女联合会、教育部等九部门印发的《全国家庭教育指导大纲（修订）》坚持了未成年人身心发展普遍性和特殊性相统一的原则，立足于五个年龄阶段的未成年人身心特点提出了家庭教育的内容和方向，并对特殊家庭和特殊儿童的家庭教育指导作出指引，为进一步深化家庭教育服务提供了遵循和指导。然而，现实生活中，有些父母或者其他监护人无视或者忽视未成年人的成长阶段和发展规律，或者揠苗助长，或者将自己的意愿强加给子女，或者总拿别人家的孩子作比较等，这些错误做法都不利于未成年人的健康成长，应当及时制止。尊重未成年人的成长规律是家庭教育的前提。未成年人的成长既有共性也有个性，家庭教育要依据未成年人的成长特点，采取科学的教养方式。父母或者其他监护人在实施家庭教育时不能违背未成年人的成长规律。

二是尊重未成年人人格尊严，保护未成年人隐私权和个人信息，保障未成年人合法权益。要学会保护孩子的隐私权，保障他们的合法权益。被尊重的孩子，才会尊重别人，才会有更健康的人格。

三是遵循家庭教育特点，贯彻科学的家庭教育理念和方法。家庭教育是家长和儿童共同成长的过程。家庭教育具有自身特点和内在规律，是通过父母自身的榜样的影响，是通过父母与孩子的共同成长和日常生活进行潜移默化、润物无声的教育。家长素质是影响家庭教育的重要因素，家长应当努力做到举止文明、情趣健康、敬业进取、言行一致、好学善思，自觉践行社会主义核心价值观，以健康的思想、良好的品行教育影响儿童。有什么样的家庭生活，就有什么样的家庭教育。父母或者其他监护人要在家庭教育的内容与方法上下功夫，为未成年人的健康成长创造条件。

四是家庭教育、学校教育、社会教育紧密结合、协调一致。家庭、学校、社会是促进未成年人健康成长的共同体。家庭教育并非教育的"孤岛"，而是与学校教育和社会教育密不可分，家庭教育要取得好的成效，自然离不开与学校教育、社会教育的通力合作、协调配合。家长要认识到家校社协同育人的重要意义，主动参与家校社协同教育，尊重教师，理性表达诉求，积极沟通合作，保持开放心态，引导儿童正确认识各种现象，科学合理利用各种教育资源，促进儿童健康成长。所以，《家庭教育促进法》第19条对父母积极主动参与学校教育生活进行明确规定，要求："未成年人的父母或者其他监护人应当与中小学校、幼儿园、婴幼儿照护服务机构、社区密切配合，积极参加其提供的公益性家庭教育指导和实践活动，共同促进未成年人健康成长。"作为父母或者其他监护人，应当加强家校之间的沟通联系，了解孩子在学校的情况，也向教师通报孩子在家庭的情况，尤其是对于某些问题儿童，更要及时反馈各种信息。有条件的父母，还可以为学校提供各种教育资源，做学校的志愿者。

五是结合实际情况采取灵活多样的措施。家庭教育充满着各种不确定性，不仅每个孩子都不相同，而且同一个孩子在不同的时期、不同的环境、不同的心境下也会有完全不同的行为表现。家庭要倡导尊老爱幼、夫妻和睦、勤俭持家、亲子平等、邻里团结的家庭美德，创建民主、文明、和睦、稳定的家庭关系。家庭成员要共同构建优秀家庭文化、传承良好家风，为儿童健康成长营造和谐的家庭环境。家长要学会优化家庭生活，为儿童提供健康向上、丰富多彩的活动。所以，家庭教育的智慧就是尽可能通过"不教之教"去影响和改变孩子。父母不应该处心积虑地想着如何对付孩子，如何与孩子斗智斗勇，而应该成为孩子的朋友，站在孩子的立场换位思考，帮助他们应对成长的烦恼。如果孩子真正把父母当作朋友，就没有迈不过去的坎儿。要利用社区的教育资源，经常带孩子到附近的博物馆、美术馆、科技馆、少年宫，并走进大自然等。

四、家庭教育的方式方法

家庭是最基本的教育组织。家庭教育的方式方法有很多，总体而言，培育、引导和影响是家庭教育的主要形式。

一是培育。家庭教育中的培育主要是指父母或者其他监护人对未成年人的培养和抚育。

二是引导。家庭教育中的引导是指父母或者其他监护人有意识地通过言语和行动，引领未成年人向正确的方向发展。我国古代就有"教子以义方"的典故，讲述的是春秋时期卫庄公之子州吁自小受宠，但行为不端，喜欢武事。卫庄公不予制止，卫大夫石碏对其说："臣闻：爱子，教子以义方，弗纳于邪。"[1] 这就是说，父母教育子女应当从道义上指出正确的方向。父母或者其他监护人要因势利导，用正确行动、正确思想、正确方法教育引导未成年人，要注意观察未成年人的思想动态和行为变化，善于从点滴小事中教会其欣赏真善美、远离假丑恶。要教给未成年人如何处理人际关系，逐步培养其与他人友好相处的能力，培养其团结友爱、关心他人的品格以及自己解决矛盾问题的能力。

三是影响。通常而言，一个人从出生到成年，要在原生家庭中生活十几年，要在父母跟前接受教育十几年。家庭教育是学校教育和社会教育的基础。一个人的人格特质、伦理观念、价值取向和行为习惯等将从原生家庭中习得。家庭生活中，父母或者其他监护人作为子女的主要教育者和学习对象，一言一行、每时每刻都在影响着子女。诸多家庭拥有数代人延续和传承下来的良好家风，对子女的成长和发展非常有利。正因如此，父母或者其他监护人在家庭生活中，应当加强自律，时时处处为未成年人做出榜样和示范，通过积极的、正向的影响，促使未成年人

---

[1] 《四书五经》（上），陈戌国点校，岳麓书社 2014 年版，第 686 页。

形成良好的行为习惯、思想品德及价值观念，并为未成年人形成健全的人格营造良好的家庭环境和家庭氛围。《家庭教育促进法》第22条特别对健康合理的家庭生活提出了建议，规定"未成年人的父母或者其他监护人应当合理安排未成年人学习、休息、娱乐和体育锻炼的时间，避免加重未成年人学习负担，预防未成年人沉迷网络"。

五、典型案例

（一）《家庭教育促进法》使家长"依法带娃"成为可能

【案情简介】

胡某（小胡之父）与陈某（小胡之母）在2020年8月协议离婚，并约定婚生女小胡（2013年出生）由陈某抚养。陈某离婚后再婚，并带着小胡搬至新租住的房屋，致使小胡两个星期未能上学。胡某得知后，通过找全托、请保姆的方式来履行其对小胡的抚养与照顾义务。小胡自2021年2月起一直独自与保姆居住。此后，陈某仅在周末前去接送小胡。后胡某诉至法院，请求法院判令将婚生女小胡的抚养权变更给自己。

法院经审理认为，被告陈某并未积极履行其应尽的监护义务，可认定其怠于履行其抚养义务和承担监护职责；原告胡某虽然以找全托、请保姆的方式来履行其对小胡的抚养与照顾义务，但胡某让小胡与保姆单独居住，说明其仍怠于履行教育和保护义务。

法院在庭审中发现，小胡更愿意与其母亲陈某一起共同生活，陈某也愿意将小胡转学以便照顾。最终，法院认为应该再给予陈某一次自我纠错即积极履行其抚养义务和承担监护职责的机会，判决驳回原告胡某的诉讼请求，判决被告陈某继续履行监护责任。但对法定监护人陈某的失职行为依法予以纠正，依据《未成年人保护法》《家庭教育促进法》

的规定，对失职监护人陈某发出《家庭教育令》。同时，规定《家庭教育令》有效期为一年，在裁定失效前，小胡本人或密切接触小胡的单位，可以根据实际情况向人民法院提出申请撤销、变更或者延长《家庭教育令》；如果义务履行人陈某违反裁定，视情节轻重，予以训诫、罚款、拘留；构成犯罪的，依法追究刑事责任。[①]

【以案说法】

父母或者其他监护人应当对未成年子女进行培育、引导和影响，给予充分的关爱和教育。现实中，仍存在个别父母或者其他监护人怠于履行义务，"生而不养、养而不教"的现象。本案中的小胡父母都存在怠于履行抚养义务和承担监护职责的问题，忽视了小胡的生理、心理与情感需求。作为监护人的母亲陈某因搬家而致使女儿小胡两周未上学，属于典型的监护人监护失职情形。其应当承担起家庭教育的主体责任，履行监护职责，与学校老师加强沟通和联系，充分了解小胡的现状。

胡某虽履行了"养"的义务，但其安排小胡与保姆同住，而未履行"教"的义务，这也属于家庭教育中的怠于履行监护职责。其应当自己与小胡同住，并且由自己或近亲属亲自养育与陪伴小胡。

法院依据《未成年人保护法》《家庭教育促进法》发出《家庭教育令》，依法纠正父母拒绝或怠于履行家庭教育责任，不仅有利于促进家庭教育的有序发展，而且有利于未成年人的健康成长。

（二）家庭教育不再只是"家事"

【案情简介】

张某和王某系夫妻关系，育有一女小王（8 岁）。2021 年 12 月 28

[①] 《天心区法院发出〈家庭教育促进法〉实施后全国第一份〈家庭教育令〉》，载湖南省长沙市天心区人民法院网站，http://txqfy.hunancourt.gov.cn/article/detail/2022/01/id/6475088.shtml，2022 年 8 月 16 日访问。

日，张某因与王某感情不和而向法院起诉离婚。法院经审理出具调解书，双方就离婚及婚生女儿小王的抚养问题达成一致意见。在查明案件事实中，法院发现，小王的父亲王某虽然文化程度较高，积极参与孩子的家庭教育，但在平时教育辅导小王学业时方法简单粗暴、脾气易怒，甚至出手敲打小王身体及头部等，严重影响小王身心健康发展，也未能为小王树立积极健康人生观进行必要的引导。为督促王某切实负起家庭教育主体责任，法院依照《家庭教育促进法》的规定，向王某发出《家庭教育令》，责令王某关注小王的生理、心理发展状况，根据小王的年龄和个性特点进行科学引导；要求王某在教育辅导小王学业时注意严慈相济，关心爱护与严格要求并重；要求王某与张某按照调解书的约定相互配合履行家庭教育责任，共同促进小王的健康成长。[①]

【以案说法】

随着《家庭教育促进法》的实施，家庭教育由"家事"上升为"国事"。在现实中，家庭教育问题存在一定的隐蔽性，不容易"被看见"。法院依法发出《家庭教育令》，是国家为家庭教育提供指导、支持和服务的重要体现，有利于帮助家长明确监护职责，正确实施家庭教育，使家庭教育"被看见"。家庭教育同学校教育、社会教育一样，都需要科学的方式方法。本案中的王某在辅导孩子学业方面存在方式过激、行为粗暴等问题，已经触犯了法律，属于《家庭教育促进法》中规定的"不正确实施家庭教育"的行为，应当依法予以纠正。可以说，这份《家庭教育令》既是一份具有强制执行力的司法令，又是一份明确家长主体责任的指导书。

[①] 《父亲粗暴辅导孩子作业还有过激行为！法院发出〈家庭教育令〉》，载广州日报微信公众号，https://mp.weixin.qq.com/s/sTHVuYDqpMEXDosrBUIm5w，2022 年 11 月 12 日访问。

【相关规定指引】

《宪法》

第三十三条第一款　凡具有中华人民共和国国籍的人都是中华人民共和国公民。

第四十六条第二款　国家培养青年、少年、儿童在品德、智力、体质等方面全面发展。

第四十九条第三款　父母有抚养教育未成年子女的义务，成年子女有赡养扶助父母的义务。

《民法典》

第十七条　十八周岁以上的自然人为成年人。不满十八周岁的自然人为未成年人。

第二十六条　父母对未成年子女负有抚养、教育和保护的义务。

成年子女对父母负有赡养、扶助和保护的义务。

《未成年人保护法》

第二条　本法所称未成年人是指未满十八周岁的公民。

▶ 第二讲
家庭教育的支持与保障机制

家庭教育是政府主导部门通力协作的"大合唱"。家庭教育的有效实施，需要通过逐步建立与经济社会发展相适应的管理体制和保障机制，以及建立科学的监测评估制度等予以支持和保障。《家庭教育促进法》的颁布，为建立健全家庭教育工作体制机制，保证家庭教育的顺利开展提供了法律保障。

一、工作协调机制

家庭教育是学校教育和社会教育的基础，是涉及公共利益的重要公共事务。有鉴于此，《家庭教育促进法》第6条对家庭教育工作体制机制作出规定，明确了各级人民政府、县级以上人民政府负责妇女儿童工作的机构、教育行政部门和妇女联合会，以及县级以上精神文明建设部门和公安、民政、司法行政等有关部门在家庭教育工作中的职责与分工。各部门分工负责，有机协调，形成合力，共同为家庭教育工作的顺利开展提供有力的支持和保障。

（一）各级人民政府指导家庭教育工作

在我国，国务院和地方各级人民政府根据分级管理、分工负责的原则，领导和管理教育工作。《家庭教育促进法》第 6 条第 1 款对各级人民政府指导家庭教育工作，建立健全家庭学校社会协同育人机制作出了明确规定。这就在法律层面突出强调了政府在家校社协同育人体系中的主体责任和主导作用，明确了建立健全家校社协同育人机制的重要性和迫切性。

我国历来高度重视家庭学校社会协同育人工作。自中华人民共和国成立以来，我国就以建立家访机制、召开家长会等为切入点开展家庭和学校的协作，以增进家校交流，共同促进未成年人的健康成长。进入改革开放和社会主义现代化建设新时期，我们党进一步加强了关于推进家校协同育人的制度化、规范化、法治化的探索和实践。新时代，我国对家校社协同育人提出了新的要求。《中华人民共和国国民经济和社会发展第十四个五年规划和 2035 年远景目标纲要》确定了"十四五"时期的家庭建设任务是"以建设文明家庭、实施科学家教、传承优良家风为重点，深入实施家家幸福安康工程。构建支持家庭发展的法律政策体系，推进家庭教育立法进程，加大反家庭暴力法实施力度，加强婚姻家庭辅导服务，预防和化解婚姻家庭矛盾纠纷。构建覆盖城乡的家庭教育指导服务体系，健全学校家庭社会协同育人机制。促进家庭服务多元化发展。充分发挥家庭家教家风在基层社会治理中的作用"。[1]

---

[1] 《中华人民共和国国民经济和社会发展第十四个五年规划和 2035 年远景目标纲要》，人民出版社2021 年版，第 150 页。

（二）县级以上人民政府负责妇女儿童工作的机构组织、协调、指导和督促有关部门做好家庭教育工作

根据我国政府机构的职能分工，县级以上人民政府负责妇女儿童工作的机构是指各级妇女儿童工作委员会。1990 年，我国成立了国务院妇女儿童工作委员会，负责组织、协调、指导和督促有关部门，共同促进妇女儿童工作。目前，国务院妇女儿童工作委员会的组成单位已经发展为 35 个部委和人民团体。全国 31 个省（区、市）县级以上人民政府均成立了相应机构，基本形成了纵向贯通、横向联动、协同配合的组织体系，共同致力于我国妇女儿童的保护和发展。《家庭教育促进法》以法律形式明确国务院妇女儿童工作委员会做好家庭教育工作的相关职责，有利于进一步完善家庭教育工作的议事协调机制。就国务院妇女儿童工作委员会的基本职能而言，该机构具有协调和推动政府有关部门做好维护妇女儿童权益工作，协调和推动政府有关部门制定和实施妇女和儿童发展纲要，协调和推动政府有关部门为开展妇女儿童工作和发展妇女儿童事业提供必要的人力、财力、物力指导等基本职能。国务院妇女儿童工作委员会自成立以来，就担负着指导推动地方各级政府制定实施妇女和儿童发展规划，制定实施妇女、儿童纲要等职责任务。其中，促进家庭教育就是其工作目标之一。妇女和儿童作为家庭教育的重要主体与主要对象，也是国务院妇女儿童工作委员会开展相关工作的重要目标。从国务院妇女儿童工作委员会的组成单位来看，该机构所涉成员单位非常广泛，一直在协助有关部门解决妇女儿童发展中的突出问题并依法保护妇女儿童合法权益中发挥着议事协调作用，而这些成员单位同时又是家庭教育工作的主要责任单位。因此，国务院妇女儿童工作委员会组织、协调、指导和督促有关部门做好家庭教育工作具备一定的工作基础和优势。

（三）教育行政部门、妇女联合会统筹协调社会资源支持并服务家庭教育工作

自 1996 年以来，中华全国妇女联合会、教育部等部门已共同颁布实施了 6 个全国家庭教育工作规划。家庭教育规划的制定实施，逐步建立了协调争取党委政府支持、整合社会力量和资源，推动形成多部门合作、全社会共同参与推进家庭教育的长效机制，为提高全社会家庭教育水平和提升家长教育素质能力发挥了重要作用。中华全国妇女联合会、教育部等部门于 2010 年颁布了《全国家庭教育指导大纲》，并于 2019 年发布了《全国家庭教育指导大纲（修订）》，为全国各级各类家庭教育指导服务机构和家庭教育工作人员实施家庭教育指导提供了基本遵循。

按照《家庭教育促进法》第 6 条第 2 款的规定，教育行政部门、妇女联合会要统筹协调社会资源，协同推进覆盖城乡的家庭教育指导服务体系建设，并按照职责分工承担家庭教育工作的日常事务。在具体工作中，县级以上妇联组织、教育部门要明确专人牵头负责推动规划实施。建立第三方评估等监测评估机制，对规划实施情况进行有效监测评估。

（四）县级以上精神文明建设部门和公安、民政、司法行政等有关部门在各自的职责范围内做好家庭教育工作

《家庭教育促进法》第 6 条第 3 款规定："县级以上精神文明建设部门和县级以上人民政府公安、民政、司法行政、人力资源和社会保障、文化和旅游、卫生健康、市场监督管理、广播电视、体育、新闻出版、网信等有关部门在各自的职责范围内做好家庭教育工作。"法律之所以作出这样的规定，主要原因在于家庭教育工作所涉范围广泛，需要各地

各相关部门结合实际和部门职能，加强联动、凝聚合力，形成各司其职、齐抓共管和协同配合的工作格局。长期以来，精神文明建设部门在协调各部门力量共同构建学校、家庭、社会"三结合"教育网络方面发挥着重要作用。公安部门在依法打击侵犯妇女儿童老年人权益犯罪、贯彻实施反家庭暴力、依法追究失职父母或者侵害人的法律责任等方面担负着重要职责。妇联、民政、教育、卫生健康、关工委等部门共同承担着城乡社区家庭教育指导、服务与管理工作，并在推进家庭教育知识的宣传普及，以及促进家庭教育事业全面发展方面发挥了重要作用。依据法律规定，民政部门的婚姻登记机构、收养登记机构、儿童福利机构、未成年人救助保护机构等应当结合自身工作，为家庭教育提供指导。2021年，为加强家庭家教家风建设工作，中央宣传部、中央文明办和中华全国妇女联合会召开加强家庭家教家风建设工作推进会，对深化家庭文明建设，加强家庭教育指导服务，合力推动家庭家教家风建设工作取得新成效等提出更高、更新要求。国家发展和改革委员会等20多个部门联合印发《关于推进儿童友好城市建设的指导意见》，为推进家庭家教家风建设、构建学校家庭社会协同育人体系、加强家庭教育指导服务，增强家庭监护责任意识和能力等提供指引。

二、专项保障机制

《家庭教育促进法》第7条就家庭教育工作专项规划和经费保障等问题作出规定："县级以上人民政府应当制定家庭教育工作专项规划，将家庭教育指导服务纳入城乡公共服务体系和政府购买服务目录，将相关经费列入财政预算，鼓励和支持以政府购买服务的方式提供家庭教育指导。"为保障家庭教育工作的长足发展，该条对县级以上人民政府的专项保障工作从三个方面予以明确。

（一）制定家庭教育工作专项规划

家庭教育工作专项规划，是县级以上人民政府根据实际，就特定时期的家庭教育工作进行统筹规划并形成的指导性文件。在实践中，自"九五"时期以来已经连续发布了 6 个《关于指导推进家庭教育的五年规划》。《关于指导推进家庭教育的五年规划（2011—2015 年）》设置了 10 项目标任务和 9 项保障措施，明确提出推进家庭教育立法、鼓励有条件的地方出台家庭教育法规条例、将家庭教育指导服务纳入城乡公共服务体系等目标要求。《关于指导推进家庭教育的五年规划（2016—2020 年）》提出了到 2020 年基本建成适应城乡发展、满足家长和儿童需求的家庭教育指导服务体系的目标，并对建立健全家庭教育公共服务网络，普遍建立家长学校或家庭教育指导服务站点、指导中小幼职组织开展家庭教育指导和家庭教育实践活动等提出要求。相关省市政府组织制定家庭教育工作专项规划，对家庭教育工作进行统一部署和统筹安排，取得了明显成效。例如，2019 年发布的《江苏省家庭教育促进条例》明确规定县级以上地方人民政府有责任制定家庭教育工作规划并实施督查。该条例第 5 条第 1 款规定，县级以上地方人民政府应当将家庭教育事业列入国民经济和社会发展规划，组织制定家庭教育工作专项规划，并对家庭教育工作情况进行督促检查。

（二）将家庭教育指导服务纳入城乡公共服务体系和政府购买服务目录

将家庭教育指导服务纳入城乡公共服务体系和政府购买服务目录，将有利于引导和支持社会力量参与教育事业发展，构建公平、优质、高效的公共服务体系，提高服务水平和效率。

　　长期以来，由于我国各地经济发展、教育发展不平衡等原因，教育在城乡区域和校际还存在一定差距。为破解这一难题，我国综合运用规划、政策、投资等手段推动城乡教育资源统筹。《关于建立健全城乡融合发展体制机制和政策体系的意见》和《乡村振兴战略规划（2018—2022年）》提出，建立城乡教育资源均衡配置机制，建立以城带乡、整体推进、城乡一体、均衡发展的义务教育发展机制。逐步建立健全全民覆盖、普惠共享、城乡一体的基本公共服务体系，推进城乡基本公共服务均等化，并对优先发展农村教育事业提出具体要求。

　　将家庭教育指导服务纳入城乡公共服务体系之中，旨在为城乡家庭提供普惠性的家庭教育指导服务。具体而言，要重视向困境儿童、家庭提供家庭教育基本公共服务。将家庭教育指导服务纳入农村留守、流动儿童及困境儿童的关爱服务体系建设之中，有条件的地区在学校、社区、乡村设置专业社工岗位，为特殊儿童及家庭提供救助和指导服务。依托家长学校、社区综合服务中心、妇女之家、儿童之家、文化活动站、乡村少年宫、儿童活动中心、儿童福利机构等公共服务阵地，为不同年龄段的儿童及其家庭提供家庭教育指导及关爱帮扶。

　　将家庭教育纳入政府购买服务目录，是政府转变政府职能，促进家庭教育发展的又一有力举措。《政府购买服务管理办法》（以下简称《管理办法》）对制定政府购买服务指导性目录，确定政府购买服务的种类、性质和内容提出了明确要求，其中已包含教育服务相关规定。

（三）鼓励和支持以政府购买服务的方式提供家庭教育指导

　　鼓励和支持以政府购买服务的方式提供家庭教育指导，加大推进政府购买家庭教育公共服务的力度，是推进家庭教育指导服务工作的创新举措，有利于培育专业化的家庭教育指导服务机构。

在我国，政府购买教育公共服务的主体是各级教育行政机关、具有行政管理职能的事业单位、纳入行政编制管理且财政负担经费的群团组织。按照转变政府职能的要求，购买主体具有如下职责：结合本地经济社会发展水平、教育服务需求状况和财政预算安排情况，编制政府购买相关教育规划，指导性目录，制定服务标准和规范，完善购买服务机制，编列政府购买服务预算，加强绩效评价和健全监管机制等。编制政府购买教育指导性目录或具体购买目录，主要考虑的是政府职能转变和教育发展进程水平等因素，满足社会对教育公共服务多样化、个性化、专业化需求。

2013 年，国务院办公厅印发《关于政府向社会力量购买服务的指导意见》（以下简称《指导意见》），对购买内容提出了原则性规定和要求。2016 年 3 月，财政部部署推进地方和中央有关部门分级分部门制定政府购买服务指导性目标，进一步明确和细化购买内容。《指导意见》《管理办法》等文件对购买流程作出明确规定，要求按照公开、公平、公正原则，建立健全政府购买服务机制。购买主体应当及时、充分向社会公布购买的服务项目、内容以及对承接主体的要求和绩效评价标准等信息，建立健全项目申报、预算编报、组织购买、项目监管、绩效评价的规范化流程。

在实践中，各地政府在购买学前教育基本公共服务、民办教育机构的义务教育、职业教育等方面已经积累了一定经验。例如，广东、浙江等经济发达地区，为解决农民工子女入园难的问题，通过政府购买民办教育服务，可快速提高教育资源的供给效率。又如，广州市、上海浦东新区、湖南省郴州市等小部分地区对购买学历教育阶段的学位、购买管理、购买教育评估、购买其他教育服务等进行了初步尝试。①

以政府购买服务的方式提供家庭教育指导方面，应当积极搭建社会组织服务平台，在城市社区和有条件的农村社区（村）家庭教育指导服务站点引入专业社会工作者，指导鼓励相关社会组织为儿童和家庭提供常态化、规范化的家庭教育指导服务，完善准入和监管评估机制，建立健全行业规范，加强行业自律，推进家庭教育社会组织规范有序发展，逐步培育形成家庭教育社会支持体系。以青海省为例，《青海省妇女发展规划（2021—2030年）》规定，"通过政府购买服务等方式，引导社会力量开展家庭服务，满足家庭日益增长的多元化需求"。②《青海省关于指导推进家庭教育的五年规划（2021—2025年）》指出，"因地制宜制定切实可行的家庭教育工作实施方案，组织有关部门结合当地实际情况，采取政府购买服务等方式，设立家庭教育指导服务中心，并依托家长学校、城乡社区公共服务设施、妇女之家、儿童之家等设立家庭教育服务站点，开展家庭教育活动"。③ 此外，诸多地方已通过政府购买家庭教育服务的方式开展家庭教育指导。例如，遂宁市妇联通过政府采购方式购买儿童成长中心、家庭服务中心、妇女儿童社会工作服务中心等供应商的家庭教育服务项目。④ 威海市环翠区教育和体育局通过竞争性磋商与一家文化传播公司成交家庭教育培训项目。⑤ 韶关市曲江区教育

---

① 参见最高人民检察院第二十七批指导性案例检例第105号。

② 《青海省人民政府关于印发青海省妇女发展规划和青海省儿童发展规划的通知》，载青海省人民政府网站，http://www.qinghai.gov.cn/xxgk/xxgk/fd/zfwj/202203/t20220309_189263.html，2023年5月1日访问。

③ 《我省出台家庭教育五年规划》，载《青海日报》2022年7月19日。

④ 《遂宁市妇女联合会遂宁市妇联2022年政府购买家庭教育服务项目中标（成交）结果公告》，载中国政府采购网，http://www.ccgp.gov.cn/cggg/dfgg/zbgg/202206/t20220609_18049612.htm，2023年5月1日访问。

⑤ 《威海市环翠区教育和体育局家庭教育培训项目竞争性磋商成交结果公告》，载中国政府采购网，http://www.ccgp.gov.cn/cggg/dfgg/cjgg/202211/t20221101_18922096.htm，2023年5月1日访问。

局通过政府采购方式招投标，选定一家教育科技公司提供曲江区中小学家庭教育和心理健康教育服务。[①]

三、司法联动机制

《家庭教育促进法》第8条规定："人民法院、人民检察院发挥职能作用，配合同级人民政府及其有关部门建立家庭教育工作联动机制，共同做好家庭教育工作。"

就家庭教育指导工作而言，其不仅是培养担当民族复兴大任时代新人的具体举措，也是《未成年人保护法》《预防未成年人犯罪法》所提出的明确要求。为织就促进未成年人健康成长，促进家庭教育良性发展的保护网，《家庭教育促进法》明确了各级人民法院、人民检察院配合同级人民政府及其有关部门建立家庭教育工作联动机制的法律定位。

在涉未成年人案件家庭教育指导方面，各级人民法院和人民检察院要积极探索，抓紧突破，以个案指导为切口逐步积累经验，建立本地区家庭教育指导工作机制，形成长效、稳定的制度和做法。家庭教育指导是专业性极强的未成年人保护工作，经验丰富、功底扎实、人员稳定的工作队伍是长期、高效做好工作的基本保障。着力培养高素质人才队伍。各级检察机关、妇联组织、关工委要充分发挥各自资源优势和人才优势，大力培养专家人才、服务队伍，夯实家庭教育指导工作基础。妇联组织、关工委要充分认识全面开展家庭教育指导的重要意义，学习先进经验和做法，不断推动涉未成年人案件家庭教育指导工作高质量发展。公安机关、人民检察院、人民法院和司法行政部门应当确定专门机构或者指定专门人员负责办理涉未成年人案件。完善未成年人司法保护

---

① 《韶关市曲江区教育局2022年曲江区中小学家庭教育和心理健康教育服务项目成交结果公告》，载中国政府采购网，http：//www.ccgp.gov.cn/cggg/dfgg/cjgg/202208/t20220815_18459839.htm，2023年5月1日访问。

工作评价考核标准。加强专业化办案与社会化保护配合衔接，加强司法机关与政府部门、人民团体、社会组织和社会工作者等的合作，共同做好未成年人心理干预、社会观护、教育矫治、社区矫正等工作。

随着《家庭教育促进法》的深入实施，司法部门与同级人民政府及其有关部门的工作联动机制将进一步加强，一方面，提升家庭教育指导的专业性和科学性，推动家庭教育工作模式的创新，提升家庭教育工作成效；另一方面，强化对未成年人的司法保护，为未成年人提供法律援助和司法救助，特别是在依法规范父母或者其他监护人的监护责任方面将发挥重要作用。

人民法院、人民检察院在办理涉未成年人案件中，通过加强对监护人的监督、指导和帮助，督促落实监护责任，强化父母或其他监护人履行对未成年子女的抚养、教育和保护职责，依法规范父母或其他监护人委托他人照护未成年子女的行为，依法纠正和处理监护人侵害儿童权益的情形等。在司法实践中，检察院、妇联、关工委等联合探索建立的规范化家庭教育指导工作模式，在诸多省市已经形成了典型经验。例如，江苏省高级人民法院、省人民检察院、省公安厅、省民政厅、省妇女联合会联合出台《关于在涉未成年人案件中开展家庭教育指导工作的实施意见（试行）》明确规定，办案机关、民政、妇联应当加强与教育、卫健、村（居）民委员会等部门的协作配合，建立健全家庭教育指导工作信息共享、联合联动的工作机制，形成未成年人保护齐抓共管的工作格局，为公检法等办案机关具体落实涉未成年人案件的家庭教育指导工作提供规范指引。又如，浙江萧山区检察院、妇联、关工委联合创建了"三会两评估"（启动初期、中期、结束三次联席会议，家庭教育指导效果评估与监护评估两项评估）和"亲职见习期"（家庭教育指导结束后6个月，由村社妇联家访观察）等制度，形成系统化的家庭教育指导工作模式。该检察院充分利用新媒体技术，牵头开发家庭教育指导数字平台和家庭教育指导应用程序（APP），不仅实现了对教育对象的动态监管和后期监护能力评估，而且通过 APP 的场景应用模块高效开展家庭教育指导工作。[1]

四、社会支持机制

家庭教育是关系千家万户的民生工程，需要全社会的支持和参与。《家庭教育促进法》以法律的形式为建立健全家庭教育工作的社会支持机制提供了明确指引。该法第 9 条对群团组织、基层群众性自治组织应当为家庭教育提供社会支持作出规定，即"工会、共产主义青年团、残疾人联合会、科学技术协会、关心下一代工作委员会以及居民委员会、村民委员会等应当结合自身工作，积极开展家庭教育工作，为家庭教育提供社会支持。"第 10 条就国家鼓励和支持企业事业单位、社会组织及个人依法开展公益性家庭教育服务活动作出规定。

（一）群团组织的职责与支持

群团组织是党直接领导的群众自己的组织。共青团、工会、妇联等都属于群团组织。按照《家庭教育促进法》的规定，工会、共产主义青年团、残疾人联合会、科学技术协会等群团组织要积极开展家庭教育工作，还要将家风建设纳入单位文化建设，支持职工参加家庭教育活动。

---

[1] 《关于印发〈在办理涉未成年人案件中全面开展家庭教育指导工作典型案例〉的通知》，载最高人民检察院网站，https://www.spp.gov.cn/spp/xwfbh/wsfbt/202111/t20211115_535232.shtml#2，2023 年 5 月 1 日访问。

（二）关工委的职责与支持

中国关心下一代工作委员会，简称"中国关工委"，是党中央批准成立的，以热心关心下一代工作的离退休老同志为主体、党政有关部门和群团组织负责人参加的，以关心、教育、培养青少年健康成长为目的的群众性工作组织，是党和政府联系青少年的桥梁和纽带。在实践中，中国关工委与文明办、教育、妇联、民政、检察院、法院等有关部门进行合作，在构筑家庭教育指导服务体系，推动未成年人权益保护、家庭教育指导落地等方面发挥着重要作用。

《家庭教育促进法》发布后，各地关工委相继召开家庭教育促进法宣传教育研讨会、走进社区开展普法宣讲等，帮助未成年人的父母或者其他监护人强化监护意识，履行家庭教育主体责任。

（三）基层群众性自治组织的职责与支持

基层群众性自治组织是指依照《宪法》和法律有关规定，以城乡居民或村民一定居住地为纽带和范围设立的，并由居民或村民选举产生的成员组成的，实行自我管理、自我教育、自我服务的社会组织。在我国，基层群众性自治组织主要包括居民委员会、村民委员会等。按照《家庭教育促进法》第9条的规定，居民委员会、村民委员会等应当结合自身工作，积极开展家庭教育工作，为家庭教育提供社会支持。在实践中，居民委员会、村民委员会同国家机关、人民团体、社会组织、企业事业单位、学校、家庭等各负其责、相互配合，共同为未成年人身心健康发展创造良好的社会环境。此外，居民委员会、村民委员会还要依据《反家庭暴力法》和相关法律规定，做好反家庭暴力工作。如果居民委员会、村民委员会及其工作人员在工作中发现无民事行为能力人、限制民事行为能力人遭受或者疑似遭受家庭暴力，应当及时向公安机关报案。

五、典型案例

（一）检察机关、妇联、关工委联合制订个性化家庭教育指导方案

【案情简介】

2021 年 4 月，14 周岁的李某（初中肄业）驾驶汽车，搭载两名成年犯罪嫌疑人林某、杨某，尾随驾驶二轮摩托车的吴某，伺机夺取财物。林某在伸手抢夺过程中，致使吴某造成轻微伤。因李某未达到法定刑事责任年龄，人民检察院对李某依法作出不批准逮捕决定。

在案件办理过程中，检察机关通过详细询问监护人，走访邻居、教师、社区工作人员等，深入调查了解李某的成长轨迹。经调查发现，李某系弃婴，被养父母抚养长大。幼年时李某常有偷拿家中零钱的不良行为，上初中后因缺乏管教沾染了不良习气。曾因盗窃电动车被公安机关抓获，经教育后被其父领回，在此过程中李某得知自己并非亲生，与父母隔阂更为严重，随后便长期流浪不归。在对李某抚养监护过程中，李某父母的态度从起初简单粗暴的教育方式逐渐演变为不管不问。同时，检察机关委托心理咨询师通过对李某开展心理测评发现，李某存在轻度的焦虑、强迫和抑郁，生存能力和心理成熟度均欠缺。

有鉴于此，检察机关、妇联、关工委召开联席会议，就李某的家庭教育问题制订个性化家庭教育指导方案，并共同拟订工作方案帮助李某重返学校。同时，妇联依托"姐妹心理驿站"推介心理咨询师对李某开展心理测评，根据其生存能力和心理成熟度欠缺的测评结果予以引导和干预；关工委组织"五老"志愿者、社工结对关爱，与检察机关共同劝

导父母切实承担对李某的监护责任，关工委还积极组织离退休老专家、老模范发挥专长帮扶到人，共同协助李某重返校园。

经过多方的共同努力，李某已经顺利回归家庭。其在家庭中表现良好，亲子关系融洽，新学期开学已赴一所初中就学。[①]

【以案说法】

《家庭教育促进法》第 8 条规定："人民法院、人民检察院发挥职能作用，配合同级人民政府及其有关部门建立家庭教育工作联动机制，共同做好家庭教育工作。"本案恰是检察机关、妇联、关工委等多个部门联动协作开展家庭教育指导工作的典型事例。

初中肄业的李某之所以成为一名失足少年，在很大程度上是因为自幼缺乏来自家庭应有的关爱和教育。检察机关联系教育部门助力，妇联充分发挥妇儿工作平台优势、动员社会力量支持，关工委积极组织离退休老专家、老模范发挥专长进行帮扶；经过一系列具有针对性的家庭教育指导举措，李某的父母承担起家庭教育的责任，亲子关系得到有效改善，李某也得以重返校园，最终获得圆满的结局。由此可见，只有实现各部门的联动协作，才能实现效果最大化。

（二）多部门有效联动，实现《家庭教育指导令》有效执行

【案情简介】

2021 年 1 月，未成年人小刁酒后无证驾驶无号牌摩托车载人疾驰，将一名老人撞倒身亡。同年 11 月，小刁被人民法院以交通肇事罪判处有期徒刑九个月，缓刑一年六个月。人民法院在审理中发现，小刁的父母离异多年，均疏于对其教育管理，亦缺乏正确的教育方法。人民

[①] 《关于印发〈在办理涉未成年人案件中全面开展家庭教育指导工作典型案例〉的通知》，载最高人民检察院网站，https://www.spp.gov.cn/spp/xwfbh/wsfbt/202111/t20211115_535232.shtml#2，2023 年 5 月 1 日访问。

法院向小刁的父母发出《家庭教育指导令》，要求双方正视对小刁的家庭教育问题，加强关心关爱。人民法院与当地教委、妇联共同成立家庭教育指导工作联络办公室，制定了适用家庭教育指导令"三环十步法"，形成家庭教育指导令发布的标准化流程，开展回访、学业指导、心理疏导、困难帮扶等系列工作。经过各方共同努力，小刁已经改过自新，能够积极面对今后的学习和工作，其父母亦承担起了监护责任。①

【以案说法】

本案是落实《家庭教育促进法》关于"建立家庭教育工作联动机制，共同做好家庭教育工作"规定的典型案例。人民法院就《家庭教育指导令》的发布和落实，制定了标准化流程规范，从而为相关父母或者其他监护人全面履行监护责任，认真执行《家庭教育指导令》提供了保证。

【相关规定指引】

《教育法》

第二十四条　各级人民政府、基层群众性自治组织和企业事业组织应当采取各种措施，开展扫除文盲的教育工作。

按照国家规定具有接受扫除文盲教育能力的公民，应当接受扫除文盲的教育。

《预防未成年人犯罪法》

第二十五条　居民委员会、村民委员会应当积极开展有针对性的预防未成年人犯罪宣传活动，协助公安机关维护学校周围治安，及时掌握本辖区内未成年人的监护、就学和就业情况，组织、引导社区社会组织

---

① 《重庆市五中院辖区两级法院实施家庭教育促进法典型案例》，载重庆江津法院微信公众号，https：//mp. weixin. qq. com/s/Loiog8ReqQkOmN4MRz2pZg，2023 年 5 月 1 日访问。

参与预防未成年人犯罪工作。

第三十条　公安机关、居民委员会、村民委员会发现本辖区内未成年人有不良行为的，应当及时制止，并督促其父母或者其他监护人依法履行监护职责。

第三十九条　未成年人的父母或者其他监护人、学校、居民委员会、村民委员会发现有人教唆、胁迫、引诱未成年人实施严重不良行为的，应当立即向公安机关报告。公安机关接到报告或者发现有上述情形的，应当及时依法查处；对人身安全受到威胁的未成年人，应当立即采取有效保护措施。

第四十二条第一款　公安机关在对未成年人进行矫治教育时，可以根据需要邀请学校、居民委员会、村民委员会以及社会工作服务机构等社会组织参与。

《志愿服务条例》

第二十八条　国家鼓励企业事业单位、基层群众性自治组织和其他组织为开展志愿服务提供场所和其他便利条件。

第四十一条　基层群众性自治组织、公益活动举办单位和公共服务机构开展公益活动，需要志愿者提供志愿服务的，可以与志愿服务组织合作，由志愿服务组织招募志愿者，也可以自行招募志愿者。自行招募志愿者提供志愿服务的，参照本条例关于志愿服务组织开展志愿服务活动的规定执行。

第四十二条　志愿服务组织以外的其他组织可以开展力所能及的志愿服务活动。

城乡社区、单位内部经基层群众性自治组织或者本单位同意成立的团体，可以在本社区、本单位内部开展志愿服务活动。

《中共教育部党组关于加强新时代全国教育系统关心下一代工作委员会工作的意见》

3. 进军"三个战场"，促进和助力家校社协同共育。巩固传统的学校"战场"，发挥好的经验，依托已有载体，在各级各类学校组织开展形式多样的活动，服务青少年健康成长。开辟社区"战场"，适应社区生活方式、交往方式、信息传播方式变化，积极参与、开拓社区教育，充分利用校外教育活动场所、辅导站和青少年活动中心等教育资源，协力推进关爱教育活动纵深发展。挺进家庭"战场"，组织"五老"积极参与指导家庭教育，协助举办家长学校，帮助广大家长掌握正确家庭教育理念和科学方法。充分利用网络新媒体唱响主旋律、传播正能量，实现主流价值观的有效传递，守护好网上精神家园，为青少年营造风清气正的网络空间。

《未成年人学校保护规定》

第二十条　学校应当教育、引导学生建立平等、友善、互助的同学关系，组织教职工学习预防、处理学生欺凌的相关政策、措施和方法，对学生开展相应的专题教育，并且应当根据情况给予相关学生家长必要的家庭教育指导。

第五十条　教育行政部门应当积极探索与人民检察院、人民法院、公安、司法、民政、应急管理等部门以及从事未成年人保护工作的相关群团组织的协同机制，加强对学校学生保护工作的指导与监督。

《最高人民法院、全国妇联关于开展家庭教育指导工作的意见》

四、指导方式

11. 人民法院可以在诉前调解、案件审理、判后回访等各个环节，通过法庭教育、释法说理、现场辅导、网络辅导、心理干预、制发家庭教育责任告知书等多种形式开展家庭教育指导。

根据情况和需要，人民法院可以自行开展家庭教育指导，也可以委托专业机构、专业人员开展家庭教育指导，或者与专业机构、专业人员联合开展家庭教育指导。

委托专业机构、专业人员开展家庭教育指导的，人民法院应当跟踪评估家庭教育指导效果。

12. 对于需要开展专业化、个性化家庭教育指导的，人民法院可以根据未成年人的监护状况和实际需求，书面通知妇联开展或者协助开展家庭教育指导工作。

妇联应当加强与人民法院配合，协调发挥家庭教育指导机构、家长学校、妇女儿童活动中心、妇女儿童之家等阵地作用，支持、配合人民法院做好家庭教育指导工作。

13. 责令未成年人的父母或者其他监护人接受家庭教育指导的，家庭教育指导令应当载明责令理由和接受家庭教育指导的时间、场所和频次。

开展家庭教育指导的频次，应当与未成年人的父母或者其他监护人不正确履行家庭教育责任以及未成年人不良行为或者犯罪行为的程度相适应。

14. 人民法院向未成年人的父母或者其他监护人送达家庭教育指导令时，应当耐心、细致地做好法律释明工作，告知家庭教育指导对保护未成年人健康成长的重要意义，督促其自觉接受、主动配合家庭教育指导。

15. 未成年人的父母或者其他监护人对家庭教育指导令不服的，可以自收到决定书之日起五日内向作出决定书的人民法院申请复议一次。复议期间，不停止家庭教育指导令的执行。

16. 人民法院、妇联开展家庭教育指导工作，应当依法保护未成年人及其父母或者其他监护人的隐私和个人信息。通过购买社会服务形式开展家庭教育指导的，应当要求相关机构组织及工作人员签订保密承诺书。

人民法院制发的家庭教育指导令，不在互联网公布。

17. 未成年人遭受性侵害、虐待、拐卖、暴力伤害的，人民法院、妇联在开展家庭教育指导过程中应当与有关部门、人民团体、社会组织互相配合，视情采取心理干预、法律援助、司法救助、社会救助、转学安置等保护措施。

对于未成年人存在严重不良行为或者实施犯罪行为的，在开展家庭教育指导过程中，应当对未成年人进行跟踪帮教。

最高人民检察院、中华全国妇女联合会、中国关心下一代工作委员会《关于在办理涉未成年人案件中全面开展家庭教育指导工作的意见》

三、工作内容

家庭教育指导内容包括但不限于以下方面：

1. 教育未成年人的父母或者其他监护人培养未成年人法律素养，提高守法意识和自我保护能力；

2. 帮助未成年人的父母或者其他监护人强化监护意识，履行家庭教育主体责任；

3. 帮助未成年人的父母或者其他监护人培养未成年人良好道德行为习惯，树立正确价值观；

4. 教导未成年人的父母或者其他监护人对未成年人采取有效的沟通方式；

5. 引导未成年人的父母或者其他监护人改变不当教育方式；

6. 指导未成年人的父母或者其他监护人重塑良好家庭关系，营造和谐家庭氛围；

7. 协助未成年人的父母或者其他监护人加强对未成年人的心理辅导，促进未成年人健全人格的养成。

四、工作机制

为确保在办理涉未成年人案件中开展家庭教育指导工作的质量和效果，各地要积极推动构建相关长效工作机制。

（一）建立工作衔接机制。各级检察机关、妇联、关工委要加强协作配合，充分发挥各自职能作用，建立家庭教育工作联动机制，共同做好家庭教育指导工作。检察机关在办理案件过程中要主动做好未成年人社会调查和监护状况评估，准确掌握家庭教育指导需求，启动强制家庭教育指导工作，并根据办案需要和具体需求，及时将有关情况通报给本地区妇联、关工委。各级妇联、关工委等群团组织要充分发挥自身优势，动员社会力量，为检察机关在办理涉未成年人案件中开展家庭教育提供社会支持，积极承接、提供或者协助、配合做好家庭教育指导工作。妇联要依托妇女之家、儿童之家等活动场所，为家庭教育指导、服务和宣传提供平台和支持。关工委要组织动员广大老干部、老战士、老专家、老教师、老模范等离退休老同志，协助做好家庭教育指导工作。

（二）完善人才培育机制。要加强家庭教育工作队伍建设，在开展家庭教育指导工作的同时，带动、发现、培养一批业务能力强、理论水平高的家庭教育工作力量。尤其要支持、培育社会力量参与家庭教育工作。通过委托服务、项目合作等多种方式，鼓励社会工作服务机构深入研究、积极开展教育行为矫正、亲子关系改善、家庭跟踪指导等专业工作，培养一支稳定、专业、可靠的专家型家庭教育指导社会力量。

（三）构建成果转化机制。要注意将家庭教育指导工作与罪错未成年人帮教、未成年被害人救助保护等工作有机结合。家庭教育改善成果要体现、运用于未成年人保护工作中。检察机关可探索将家庭教育评估结果作为支持撤销监护权诉讼、附条件不起诉的参考依据。同时，要加强对家庭教育指导实践经验的提炼总结，形成一批可复制、可推广的家庭教育指导工作模式，研发一批高水准、易推广、受欢迎的优质课程。

江苏省高级人民法院、江苏省人民检察院、江苏省公安厅、江苏省民政厅、江苏省妇女联合会《关于在涉未成年人案件中开展家庭教育指导工作的实施意见（试行）》

第二条　【内涵概念】本意见所称的家庭教育指导是指公安机关、人民检察院、人民法院（以下简称办案机关）在办案过程中，发现未成年人的父母或者其他监护人存在侵害未成年人合法权益、不依法履行监护职责或者履职不当、不力等情形，依法责令、要求未成年人父母或其他监护人接受一定时间的家庭教育辅导，督促和引导其正确履行监护职责。

第十三条　【联动协作】办案机关、民政、妇联应当加强与教育、卫健、村（居）民委员会等部门的协作配合，建立健全家庭教育指导工作信息共享、联合联动的工作机制，形成未成年人保护齐抓共管的工作格局。

▶ 第三讲
国家对家庭教育的指导、支持与服务

在《家庭教育促进法》发布后，"依法带娃"成为社会热点话题，但父母教育子女的能力不是与生俱来的，对于如何依法带娃，需要国家和社会提供指导、支持和服务。《家庭教育促进法》第 4 条明确了国家和社会要为家庭教育提供指导、支持和服务；第 10~13 条分别从国家鼓励和支持开展公益性家庭教育服务活动、开展家庭教育研究和人才培养、志愿服务和表彰奖励及设立国家家庭教育宣传周等方面进行了原则性规定。《家庭教育促进法》第三章设"国家支持"一章，进一步细化了工作思路和工作方法。

一、开展公益性服务活动

《家庭教育促进法》作为社会法，其性质决定了要通过依法开展公益性家庭教育服务活动来推动全社会共同参与和促进家庭教育事业的发展，进而建设共治共享的社会。该法第 10 条规定，国家鼓励和支持企业事业单位、社会组织及个人依法开展公益性家庭教育服务活动。
《未成年人保护法》第82条也规定各级人民政府应当鼓励和支持有关
人民团体、企业事业单位、社会组织开展家庭教育指导服务。《家庭
教育促进法》专门强调了家庭教育服务活动的公益性，要注意把握以
下内容。

（一）开展公益性家庭教育服务活动的主体

按照《家庭教育促进法》的规定，企业、事业单位、社会组织和个
人均是开展公益性家庭教育服务活动的合法主体。

一是企业。企业一般是指自负盈亏的生产性经济组织。在我国法律
上，企业是指《企业所得税法》及其实施条例所规定的居民企业和非居
民企业。其中，居民企业，是指依法在中国境内成立，或者依照外国
（地区）法律成立但实际管理机构在中国境内的企业。非居民企业，是
指依照外国（地区）法律成立且实际管理机构不在中国境内，但在中国
境内设立机构、场所的，或者在中国境内未设立机构、场所，但有来源
于中国境内所得的企业。

二是事业单位。按照《事业单位登记管理暂行条例》的规定，事业
单位是指国家为了社会公益目的，由国家机关举办或者其他组织利用国
有资产举办的，从事教育、科技、文化、卫生等活动的社会服务组织。
在我国，文化、教育、卫生、科研、体育等事业单位承担着丰富人民精
神文化生活、提高人民文化素质、保障人民身体健康、增强人民身体素
质、推动社会科学进步、发展社会公益事业、推动社会全面进步的重要
任务。事业单位在保护未成年人工作中起着不可替代的作用，承担着较
大的责任。例如，新闻媒体应当加强未成年人保护方面的宣传，对侵犯
未成年人合法权益的行为进行舆论监督；图书馆、青少年宫、儿童活动

中心等活动场所应当对未成年人免费开放。

三是社会组织。社会组织主要包括社会团体、民办非企业单位、基金会、社会中介组织以及城乡社区社会组织等。自改革开放以来，我国出台了一系列方针政策规范和促进社会组织的发展。以社会团体、基金会和社会服务机构为主体组成的社会组织，成为我国社会主义现代化建设的重要力量。"社会组织"一词在政府文件中首次出现，是在2004年的政府工作报告中。党的十八大以来，社会组织管理制度改革上升为党和国家的重大发展战略，推动着新时代社会组织健康有序发展。党的十八大报告提出了"加快形成政社分开、权责明确、依法自治的现代社会组织体制""引导社会组织健康有序发展"的要求。党的十八届三中全会通过的《中共中央关于全面深化改革若干重大问题的决定》从推进国家治理体系和治理能力现代化的高度，提出了激发社会组织活力的要求。我国支持社会组织发挥积极作用，如进一步发挥社会组织在促进经济发展、管理社会事务、提供公共服务中的作用。支持社会组织尤其是行业协会商会在服务企业发展、规范市场秩序、开展行业自律、制定团体标准、维护会员权益、调解贸易纠纷等方面发挥作用，使之成为推动经济发展的重要力量。支持社会组织在创新社会治理、化解社会矛盾、维护社会秩序、促进社会和谐等方面发挥作用，使之成为社会建设的重要主体。支持社会组织在发展公益慈善事业、繁荣科学文化、扩大就业渠道等方面发挥作用，满足人民群众多样化需求。在家庭教育工作中，社会组织在开展家庭教育指导服务，为未成年人的心理辅导、康复救助、监护及收养评估等方面提供专业服务。

四是个人。除未成年人的父母或者其他监护人外，其他人也可以充分利用自身资源依法开展公益性家庭教育服务活动。例如，学校教师可以对学生家长提供家庭教育指导。

（二）开展公益性家庭教育服务活动所依据的法律

相关主体开展公益性家庭教育服务活动，应当依法进行。此处的"依法"，不仅包括《家庭教育促进法》及相关法律如《教育法》《义务教育法》《未成年人保护法》等，还包括相关行政法规如《公共文化体育设施条例》等。

（三）如何开展公益性家庭教育服务活动

《家庭教育促进法》作为社会法，企业事业单位、社会组织等是支持家庭教育事业的重要力量。值得注意的是，企业事业单位所开展的公益性家庭教育服务活动不能带有营利性质。国家支持和鼓励企业事业单位依法开展公益性家庭教育服务活动。2015 年，《教育部关于加强家庭教育工作的指导意见》指出，鼓励和支持有条件的机关、社会团体、企事业单位为家长提供及时便利的公益性家庭教育指导服务。

根据《家庭教育促进法》的相关规定，相关主体除可以直接提供及时便利的公益性家庭教育服务活动外，还可以依法设立非营利性家庭教育服务机构等开展公益性家庭教育服务活动。在我国有些地区，家庭教育指导服务中心和服务站点发挥着提供家庭教育服务的重要作用，通过开展各种公益性的宣传讲座、志愿服务等，为家长提供家庭教育服务。

《家庭教育促进法》明确规定了家庭教育指导服务的非营利性，第31 条、第 36 条、第 46 条均对非营利的家庭教育服务机构进行了规定。依据该法第 31 条的规定，家庭教育指导机构开展家庭教育指导服务活动，不得组织或者变相组织营利性教育培训。第 36 条规定，自然人、法人和非法人组织可以依法设立非营利性家庭教育服务机构。第 46 条规定，图书馆、博物馆、文化馆、纪念馆、美术馆、科技馆、体育场馆、青少年宫、儿童活动中心等公共文化服务机构和爱国主义教育基地每年应当定期开展公益性家庭教育宣传、家庭教育指导服务和实践活动，开发家庭教育类公共文化服务产品。

二、开展家庭教育研究与人才培养

针对当前我国家庭教育研究相对不足、家庭教育工作专业人才相对缺乏、家庭教育学科建设相对薄弱的情况，《家庭教育促进法》以法律形式对国家鼓励开展家庭教育研究、学科建设和人才培养等问题作出规定。根据《家庭教育促进法》第 11 条的规定，国家鼓励开展家庭教育研究，鼓励高等学校开设家庭教育专业课程，支持师范院校和有条件的高等学校加强家庭教育学科建设，培养家庭教育服务专业人才，开展家庭教育服务人员培训。

（一）鼓励开展家庭教育研究

理论是实践的先导，家庭教育理论研究能够为家庭教育工作实践提供指引。为更好地促进家庭教育工作，应结合家庭教育实践的迫切需求、现实状况和存在的问题等，积极推动家庭教育研究课题的开展，并力求形成高质量的家庭教育研究成果，从而更好地指导家庭教育工作。实践中，中华全国妇女联合会、各级教育学会家庭教育专业委员会、家庭教育学会（研究会）等社会团体，以及部分具有相关研究基础的高等学校等，围绕家庭教育工作开展了广泛研究。其中，中华全国妇女联合会通过组建家庭建设专家智库，重点组织开展关于家庭家教家风建设的研究，为家庭教育工作提供了有力理论支撑和实践指引。

（二）鼓励高等学校开设家庭教育专业课程

我国鼓励并支持高校开设家庭教育专业课程，进一步促进家庭教育专业化发展。在"中国大学MOOC（慕课）"平台上，就有一些家庭教育相关课程向社会公众开放，促进优质课程资源的共享。例如，上海师范大学开设的《家庭教育》，温州大学开设的《家庭教育学》等。

（三）支持加强家庭教育学科建设

为培养家庭教育专门人才，国家支持加强家庭教育学科建设。不仅支持和鼓励有条件的高校积极申报"家庭教育"本科专业，开设家庭教育相关课程，而且支持有关学位授予单位综合考虑本单位学科基础、人才培养条件和社会需求等因素，在"教育学"一级学科下，自主设置"家庭教育学"二级学科，开展研究生人才培养工作。将继续支持师范院校等有条件的高校依法设置家庭教育相关专业，支持高校加强家庭教育相关课程建设，为构建覆盖城乡的家庭教育指导体系提供专业人才储备。

（四）开展家庭教育服务人员培训

家庭教育服务人员培训是家庭教育指导服务的一项重要内容。对家庭教育服务人员的培训，既有知识的传授，也有技能的培训，应当是全方位的。在实践中，学校具有开展家庭教育服务人员培训的天然优势，一方面，学校教师通常具备教育学、心理学、社会学等专业基础和技能储备；另一方面，在日常工作中，学校教师与学生家长的沟通，使其对学生家长的教育方式较为了解，便于开展具有针对性的家庭教育指导工作。

三、志愿服务与表彰奖励

《家庭教育促进法》第 12 条规定，国家鼓励和支持自然人、法人和非法人组织为家庭教育事业进行捐赠或者提供志愿服务，对符合条件的，依法给予税收优惠。国家对在家庭教育工作中作出突出贡献的组织和个人，按照有关规定给予表彰、奖励。

（一）鼓励和支持捐赠或者提供志愿服务

捐赠是一项有利于国家和社会的公益活动，国家鼓励和倡导捐赠行为。根据《家庭教育促进法》《公益事业捐赠法》等相关法律规定，自然人、法人和非法人组织均可以为家庭教育事业捐赠其合法财产。自然人，包括中华人民共和国公民、旅居国外的华侨和外国人。法人和非法人组织，既可以是依法在中国设立的法人或非法人组织，也可以是在国外依法成立的法人或非法人组织。值得注意的是，捐赠人可以选择符合其捐赠意愿的公益性社会团体和公益性非营利的事业单位进行捐赠，且捐赠的财产应当是其有权处分的合法财产。公益性社会团体是指依法成立的，以发展公益事业为宗旨的基金会、慈善组织等社会团体。公益性非营利的事业单位是指依法成立的，从事公益事业的不以营利为目的的教育机构、科学研究机构、医疗卫生机构、社会公共文化机构、社会公共体育机构和社会福利机构等。以下三种情形不属于公益事业捐赠：一是捐赠人直接向个人捐赠财产；二是捐赠人向非公益性的社会团体捐赠；三是捐赠人向非公益性的或营利的事业单位捐赠。捐赠应当是自愿和无偿的，禁止强行摊派或者变相摊派，不得以捐赠为名从事营利活动。

第一，志愿服务，是指志愿者、志愿服务组织和其他组织自愿、无偿向社会或者他人提供的公益服务。国家鼓励和支持国家机关、企事业单位、人民团体、社会组织等成立志愿服务队伍开展专业志愿服务活动，不仅鼓励和支持具备专业知识、技能的志愿者提供专业志愿服务，而且鼓励和支持公共服务机构招募志愿者提供志愿服务。志愿者，是指以自己的时间、知识、技能、体力等从事志愿服务的自然人。志愿服务组织，是指依法成立，以开展志愿服务为宗旨的非营利性组织。根据《志愿服务条例》的规定，开展志愿服务，应当遵循自愿、无偿、平等、诚信、合法的原则，不得违背社会公德、损害社会公共利益和他人合法权益，不得危害国家安全。自然人、法人和非法人组织为家庭教育事业提供志愿服务应当符合《志愿服务条例》的相关规定。

法律作出这样的规定，主要有两个方面的考虑。首先，捐赠人直接将财物捐赠给个人，在日常生活中是大量发生的，国家一般不需要对这种捐赠和受赠的关系予以确认，对于捐赠财物的使用和管理也不必进行监督。因此，捐赠人不宜享受国家对于公益事业捐赠的有关优惠待遇，对此本法可以不作规定。其次，法律的这一规定，实际上具有一定的引导作用，即引导有捐赠意愿的人，将财产捐赠给法律规定的受赠人，通过受赠人对捐赠财产专业化、规范化的运营，实现公益目的。这是因为，在有些情况下（如通过新闻媒体的报道而进行的捐赠），捐赠人对受益人的情况、应当捐赠多少财产以及如何利用捐赠财物才能使其发挥最大的作用等问题不是非常了解，捐赠人直接将财物捐赠给受益人，捐赠不一定能达到较好的效果。如果将捐赠财物交由公益性的社会团体或者公益性的非营利的事业单位负责管理，可以合理地配置捐赠资源，充分发挥捐赠财物的作用，往往更有利于实现捐赠人资助受益人的目的，对公益事业也是非常有利的，这也是世界上多数国家的做法。

第二，捐赠人向非公益性的社会团体捐赠。在我国，社会团体有许多类型。例如，有协会、学会、研究会、基金会、联谊会、商会等。在这些社会团体中，有一些是以公益事业为宗旨的，如中国青少年发展基金会、中国慈善总会等。还有一些社会团体成立的目的不是公益事业，如行业协会成立的目的是同行业间的互助和自律；一些联谊会成立的目的是便于成员之间的交流，增进成员之间的友谊。这一类的社会团体，就不属于公益性的社会团体，不能成为公益事业捐赠的受赠人。捐赠人向非公益性的社会团体捐赠，如企业向其加入的行业协会捐赠，也不属于公益事业捐赠，不适用本法，而是适用民事法律中关于赠与的有关规定。

第三，捐赠人向非公益性的或营利的事业单位捐赠。在我国，传统意义上的事业单位，是指由国家财政支持的文化、教育、科研、卫生以及社会福利等机构。一般来说，其宗旨都是公益性的。由于有国家财政的支持，这些事业单位的经费和人员都是由国家包下来的，自己不需要承担营利的任务。近年来，在改革的过程中，一些事业单位逐步走向市场，实行自负盈亏，这种事业单位同企业的性质逐渐靠近。另外，近年来还出现了一些民办的文化、教育、卫生和社会福利性的机构，如民办学校、民办的演出团体和民办的养老院等，这些机构中有一些是以公益事业为宗旨的不以营利为目的的机构，也有一些是营利性的。无论是非公益性的机构还是营利性的机构，都不符合公益事业捐赠受赠人的条件，其接受捐赠同样也适用于民事法律中的有关规定。

（二）依法给予税收优惠

国家对于为家庭教育事业进行捐赠或提供志愿服务者给予的一项优惠措施就是"对符合条件的，依法给予税收优惠"。《公益事业捐赠法》对不同主体的捐赠行为及税收优惠进行了规定，其中，公司和其他企业依法捐赠财产用于公益事业，依照法律、行政法规的规定享受企业所得税方面的优惠；自然人和个体工商户依法捐赠财产用于公益事业，依照法律、行政法规的规定享受个人所得税方面的优惠；境外向公益性社会团体和公益性非营利的事业单位捐赠的用于公益事业的物资，依照法律、行政法规的规定减征或者免征进口关税和进口环节的增值税。《志愿服务条例》第31条规定，自然人、法人和其他组织捐赠财产用于志愿服务的，依法享受税收优惠。《企业所得税法》第9条规定，企业发生的公益性捐赠支出，在年度利润总额12%以内的部分，准予在计算应纳税所得额时扣除；超过年度利润总额12%的部分，准予结转以后三年内在计算应纳税所得额时扣除。根据《个人所得税法》第6条第3款的规定，个人将其所得对教育、扶贫、济困等公益慈善事业进行捐赠，捐赠额未超过纳税人申报的应纳税所得额30%的部分，可以从其应纳税所得额中扣除；国务院规定对公益慈善事业捐赠实行全额税前扣除的，从其规定。

需要注意的是，捐赠人不通过公益性社会团体和公益性非营利的事业单位进行捐赠，而是直接将财物赠与个人，则不属于公益事业捐赠，捐赠人不能享受有关税收等方面的优惠待遇。

（三）给予表彰和奖励

表彰和奖励不仅能够鼓励先进、弘扬正气，而且能对平庸者产生激励，对落后者进行鞭策。通过对保护未成年人有显著成绩的组织和个人给予表彰和奖励，表彰先进，树立典型，弘扬这种精神，形成有利于未成年人健康成长的社会环境，从而进一步调动各方面支持、参与未成年人保护工作的积极性。国家奖励，是指各级人民政府和有关部门为了表彰先进、激励后进、充分调动人们的积极性和创造性，依照法定条件和程序，对作出突出贡献、显著成绩或者模范遵纪守法的组织和个人给予物质或者精神奖励的一种行政行为。国家奖励包括表彰和奖励，表彰主要是精神奖励，如通报表扬、给予荣誉称号，奖励一般是给予一定的奖金、经费等。

关于实施表彰、奖励的主体，未成年人保护涉及政府、人民法院和人民检察院等，这些国家机关均可对有关组织和个人作出表彰。国家行政机关是实施表彰、奖励的主体之一，包括各级人民政府和行政主管部门。有些表彰和奖励由团委、律协等社会团体作出，有些由其他社会组织作出。

受表彰和奖励的对象，是指在未成年人保护工作中有显著成绩的组织和个人，其范围是比较广泛的，包括国家机关、武装力量、政党、人民团体、企业事业单位、社会组织、城乡基层群众性自治组织及这些单位的工作人员以及普通公民等。所谓显著成绩，是指热爱未成年人保护工作，认真执行国家有关未成年人保护法律法规，模范履行职责，具有奉献精神，积极为未成年人办实事、解决难事、做好事，表现突出，工作有成效，社会评价高，等等。有关地方和单位对关心未成年人健康成长，为维护其合法权益，积极做好事、办实事的先进集体和个人进行表彰。实践中，具体称号有"保护未成年人先进集体""保护未成年人先进公民""保护未成年人优秀公民"等。

四、家庭教育指导服务

随着家长学校、社区家庭教育指导服务站等家庭教育指导服务机构的快速发展，家庭教育工作者队伍持续壮大，在一定程度上扩大了家庭教育指导工作的覆盖面，提升了家庭教育指导服务的水平。在《家庭教育促进法》出台之前，地方政府已经开始了有关建立家庭教育指导服务机构的积极探索和有益尝试。这些都体现了建设家庭指导服务体系的要求。例如，河北省衡水市教育局、市妇联、市关工委联合印发关于《完善全省覆盖城乡的家庭教育指导服务体系》的通知要求，"因地制宜地开展宣传实践和指导服务，不断提高家长的科学家庭教育知识普及率；根据各地实际情况，在教学形式上针对家长和中小学生（幼儿）需求，采取灵活多样的教育和传播手段，广泛开展各类丰富多彩的活动，切实增强家长学校或家庭教育指导服务站的吸引力和感染力；积极创新社区（村）家长学校或家庭教育指导服务站建设的内容形式、方法手段、体制机制，充分发挥家长学校的作用，宣传家庭教育知识，提供个性化、多元化的指导服务"。[①]

家庭教育指导服务涉及方方面面，《家庭教育促进法》对不同部门、不同主体在家庭教育指导服务中的职责和任务进行了规定。具体应把握以下几个方面。

（一）国家层面的家庭教育指导大纲的制定、修订与颁布

《家庭教育促进法》第 24 条第 1 款对制定家庭教育指导大纲予以明确："国务院应当组织有关部门制定、修订并及时颁布全国家庭教育指导大纲。"根据该规定，《全国家庭教育指导大纲》的制定、修订和颁布由国务院组织有关部门进行。我国在 2010 年和 2019 年共印发过两次《全国家庭教育指导大纲》，前者由全国妇联、教育部、中央文明办、民政部、原卫生部、原国家人口计生委、中国关工委等七个部门联合印发，后者是根据社会实践发展变化并适应新时代家庭教育发展的新需求，由全国妇联、教育部、中央文明办、民政部、文化和旅游部、国家卫生健康委员会、国家广播电视总局、中国科协、中国关工委等九个部

---

① 《河北衡水市积极完善覆盖城乡的家庭教育指导服务体系》，载河北新闻网，http：//hs.hebnews. cn/2020-09/11/content_ 8102496.htm，2023 年 5 月 1 日访问。

门共同对前者进行修订后印发。《全国家庭教育指导大纲》对于科学规范家庭教育指导服务行为，提升家庭教育指导服务水平具有重要作用。

（二）省级及省级以上人民政府的职责

根据《家庭教育促进法》第24条第2款、第25条的规定，省级人民政府或者有条件的设区的市级人民政府应当依据《全国家庭教育指导大纲》，充分结合当地实际情况，组织有关部门编写或者采用适合的家庭教育指导读本，制定相应的家庭教育指导服务工作规范和评估规范。同时，省级以上人民政府应当组织有关部门统筹建设家庭教育信息化共享服务平台，开设公益性网上家长学校和网络课程，开通服务热线，提供线上家庭教育指导服务。在实践中，我国诸多省市已经建立了网上家长学校，如由中华全国妇女联合会、中国家庭教育学会等共同主办的"全国网上家长学校"，由北京市教育委员会主办、北京教育科学研究院承办而建立的"北京市网上家长学校"，由山东省妇联、山东省家庭教育研究会主办，山东省精神文明办、山东省教委支持的"山东省网上家长学校"等，都是政府组织有关部门统筹建设家庭教育信息化共享服务平台，为家长提供线上家庭教育指导服务的典型做法。

（三）县级以上人民政府的职责

第一，减轻学生课业负担、促进家庭教育和学校教育融合。《家庭教育促进法》第26条对县级以上地方人民政府减轻学生课业负担、促进家庭教育和学校教育融合等作出规定，即"县级以上地方人民政府应当加强监督管理，减轻义务教育阶段学生作业负担和校外培训负担，畅通学校家庭沟通渠道，推进学校教育和家庭教育相互配合"。值得注意的是，对于该条规定，要结合中共中央办公厅、国务院办公厅印发的

《关于进一步减轻义务教育阶段学生作业负担和校外培训负担的意见》和"双减"工作的要求来把握。县级以上地方人民政府要全面系统做好部署、明确部门工作责任。一方面，要按照"双减"的要求，切实减轻学生负担；另一方面，要从严管理、全面规范校外培训行为，特别是在校外培训机构审批、培训服务、机构运营、校外培训广告等方面加强监督和管理。同时，要做好统筹协调，集中组织开展专项治理行动。

第二，加强家庭教育指导专业人才队伍建设。《家庭教育促进法》第 27 条就县级以上地方人民政府加强专业人才队伍建设作出规定，即"县级以上地方人民政府及有关部门组织建立家庭教育指导服务专业队伍，加强对专业人员的培养，鼓励社会工作者、志愿者参与家庭教育指导服务工作"。

第三，设立家庭教育指导机构。《家庭教育促进法》第 28 条规定，县级以上地方人民政府可以结合当地实际情况和需要，通过多种途径和方式确定家庭教育指导机构。家庭教育指导机构对辖区内社区家长学校、学校家长学校及其他家庭教育指导服务站点进行指导，同时开展家庭教育研究、服务人员队伍建设和培训、公共服务产品研发。该法第 29 条、第 31 条就家庭教育指导机构提供的服务与要求予以明确，家庭教育指导机构应当及时向有需求的家庭提供服务，并向履行家庭教育责任存在困难的家庭提供服务。家庭教育指导机构开展的家庭教育指导服务活动为公益性质，不得组织或者变相组织营利性教育培训。

第四，对留守或困境未成年人家庭提供支持。根据《家庭教育促进法》第 30 条规定，设区的市、县、乡级人民政府应当结合当地实际采取措施，对留守未成年人和困境未成年人家庭建档立卡，提供生活帮扶、创业就业支持等关爱服务，为留守未成年人和困境未成年人的父母或者其他监护人实施家庭教育创造条件。教育行政部门、妇女联合会应当采取有针对性的措施，为留守未成年人和困境未成年人的父母或者其他监护人实施家庭教育提供服务，引导其积极关注未成年人身心健康状况、加强亲情关爱。

此外，为提高全社会对家庭教育的重视程度，更好地宣传家庭教育，《家庭教育促进法》第13条规定："每年5月15日国际家庭日所在周为全国家庭教育宣传周。"2022年5月15日国际家庭日所在周是首个全国家庭教育宣传周，全国妇联、教育部联合发出通知要求各地以"送法进万家 家教伴成长"为主题，面向广大家庭广泛开展家庭教育宣传展示和主题实践活动。

五、引领家庭家教家风建设

家风，又称门风，是一个家庭或一个家族世世代代相传的伦理道德、价值理念和处事方式。家风，表征着这个家庭或家族的整体精神状态、价值追求和道德准则，是家庭文化氛围的集中体现，对家庭成员起着教化作用。

我国自古就有重视家教家风的优秀文化传统。古人云，"修身，齐家，治国，平天下"。其中，"齐家"是一个非常重要的方面，即用自己的德行影响家庭成员，使家庭成员和睦相处合理生活。家庭美德是每个家人应当积极建设并用心维护的重要品德。优良的家教家风能够潜移默化地影响每一位家庭成员，对家庭成员的成长有着十分重要的意义。因此，作为家庭教育的直接实施者，家长应当重视家教家风建设，以自身形成的良好道德操守和行为规范来引导和教育子女。

习近平总书记指出，不论时代发生多大变化，不论生活格局发生多大变化，我们都要重视家庭建设，注重家庭、注重家教、注重家风。① 这是因为，全社会的良好风气要靠每个家庭的优良家风来支撑，家风不仅关系着每个家庭，而且关系着党风、政风。只有千万家庭的优良家风得以传承和弘扬，才能促成全社会范围的良好风气。

《家庭教育促进法》第 37 条对家庭教育融入单位文化建设和精神文明创建作出规定，即"国家机关、企业事业单位、群团组织、社会组织应当将家风建设纳入单位文化建设，支持职工参加相关的家庭教育服务活动。文明城市、文明村镇、文明单位、文明社区、文明校园和文明家庭等创建活动，应当将家庭教育情况作为重要内容"。需要重点把握以下三个方面。

一是要将家风建设纳入单位文化建设。我国历来高度重视优秀家教家风的育人功能，并注重发挥家庭家教家风在基层社会治理中的重要作用。在《家庭教育促进法》发布后，有省市将家庭家教家风建设纳入全市机关党建考核的重要内容，纳入全市基层党组织支部主题党日活动安排，纳入全市群众性精神文明创建活动，推动家庭家教家风建设向纵深开展。例如，湖北省襄阳市妇联、襄阳市委直属机关工委联合印发的《关于在机关党建中加强家庭家教家风建设的实施方案》，明确提出每年将联合开展不同主题的家庭家教家风活动，并纳入机关党建考核的重要内容，并将家庭家教家风建设元素嵌入支部主题党日的整体设计，做到同步谋划、有机融合等。

二是支持职工参加家庭教育服务活动。国家机关、企业事业单位、群团组织、社会组织支持职工参加家庭教育服务活动，就是帮助职工家长更好地承担起家庭教育的主体责任，为职工提升家庭教育水平提供指导支持和服务。

---

① 中共中央党史和文献研究院编：《习近平关于注重家庭家教家风建设论述摘编》，中央文献出版社 2021 年版，第 3 页。

三是把家风建设作为精神文明创建活动的重要内容。根据 2017 年《关于深化群众性精神文明创建活动的指导意见》的规定，"文明家庭创建要更加注重家庭、注重家教、注重家风，促进家庭和睦，促进亲人相亲相爱，孝老爱幼，少有所教，老有所养，使千千万万个家庭成为国家发展、民族进步、社会和谐的重要基点，成为人们梦想启航的地方"。在我国许多省市也展开了把家风建设作为精神文明创建活动的实践，并建立了工作机制。例如，湖北省襄阳市发布的《2022—2024 文明单位创建动态管理测评体系》，将家庭家教家风建设纳入全市群众性精神文明创建活动，要求在重要传统节日和时间节点组织开展传承好家风好家训等家庭文明建设活动，创建文明家庭、最美家庭、清廉家庭等活动。

六、筑牢反腐倡廉的家庭防线

2016 年，习近平总书记在会见第一届全国文明家庭代表时讲话指出，各级领导干部特别是高级干部要继承和弘扬中华优秀传统文化，继承和弘扬革命前辈的红色家风，向焦裕禄、谷文昌、杨善洲等同志学习，做家风建设的表率，把修身、齐家落到实处。[1] 2018 年，在参加第十三届全国人大一次会议重庆代表团审议时，习近平总书记提出，要把家风建设摆在重要位置，廉洁修身、廉洁齐家，防止"枕边风"成为贪腐的导火索，防止子女打着自己的旗号非法牟利，防止身边人把自己"拉下水"。在主持十九届中央政治局第六次集体学习时，他再次强调，领导干部特别是高级干部要明大德、守公德、严私德，做廉洁自律、廉洁用权、廉洁齐家的模范。[2] 2020 年，习近平总书记在春

---

[1] 中共中央党史和文献研究院编：《习近平关于注重家庭家教家风建设论述摘编》，中央文献出版社 2021 年版，第 25 页。

[2] 《习近平谈治国理政》（第三卷），外文出版社 2020 年版，第 97 页。

节前夕赴云南看望慰问各族干部群众时讲话强调，领导干部要加强自我约束，坚决反对特权思想，教育管理好配偶和亲属。①

家风正，则党风正。广大党员干部要把家风建设摆在重要位置，养成廉洁修身、廉洁齐家的良好风尚，要严以律己，不以身试法，为家人划清底线。《关于新形势下党内政治生活的若干准则》《中国共产党党内监督条例》《中国共产党廉洁自律准则》，均对领导干部的家风问题提出了明确要求。其中，《中国共产党纪律处分条例》首次将不注重家风建设列为纪律处分的一项重要内容。明确规定党员领导干部不重视家风建设、造成严重后果的违纪处分，对广大领导干部提出了新的要求，为新时代党员家风建设提供了有力的纪律保证。

自 2015 年以来，中央国家机关工委和中央国家机关妇工委联合开展了以"清风正气传家远"为主题的家庭助廉行动，采取讲家风故事、创家训格言、写家书手札、拍家教短片等形式，引导干部职工在家风家教的传承中汲取清白做人、清正做事、清廉为官的思想，以家庭建设促进廉政建设。2021 年，中宣部、中央文明办、中央纪委机关等联合印发的《关于进一步加强家庭家教家风建设的实施意见》提出，要把家风建设作为党员和领导干部作风建设重要内容，引导党员和领导干部筑牢反腐倡廉的家庭防线，以纯正家风涵养清朗党风政风社风。

《家庭教育促进法》第 4 条第 3 款以法律形式对国家工作人员带头树立良好家风，履行家庭教育责任予以明确。那么，国家工作人员的范围有哪些呢？根据我国相关法律规定，国家工作人员主要包括以下四类人员：一是国家机关工作人员，包括在各级国家权力机关、行政机关、司法机关和军事机关中从事公务的人员。二是国有公司、企业、事业单

---

① 《习近平在春节前夕赴云南看望慰问各族干部群众时的讲话》，载《人民日报》2020 年 1 月 22 日第 1 版。

位、人民团体中从事公务的人员。国有公司，是指公司财产属于国家所有的公司及国家控股的股份公司。国有企业单位，是指财产属于国家所有而从事生产性、经营性的企业。国有事业单位，是指国家投资兴办、管理从事科研、教育、文化、体育、卫生、新闻、广播电视、出版等活动的单位。人民团体，是指各民主党派、工商联、各级青、工、妇等人民群众团体。三是国家机关、国有公司、企业、事业单位委派到非国有公司、企业、事业单位、社会团体从事公务的人员。四是其他依照法律从事公务的人员。

七、典型案例

基金会不能成为未成年人的监护人

【案情简介】

程某（女）与李某育有一子小李（案发时为不足三个月的幼儿）。因小李哭闹，李某便在吸毒后用手扇打小李头面部，造成小李硬膜下大量积液，左额叶、左颞叶脑挫伤，经鉴定为重伤二级。后李某被判处有期徒刑七年。中华少年儿童慈善救助基金会（以下简称基金会）对小李及程某展开救助，为小李筹集部分医疗及生活费用。基金会与程某签订《共同监护协议》，约定由基金会作为小李的辅助监护人，与程某共同监护小李，并由程某向人民法院起诉撤销李某的监护人资格，同时确认基金会为小李的辅助监护人。还约定，为了使小李能更好地康复，经征得程某同意，基金会可以寻找合适的寄养机构照料小李。程某向人民法院提出申请，请求撤销李某对小李的监护人资格；指定基金会作为小李的辅助监护人，与程某共同监护小李。

法院经过审理认为，李某作为小李之父，不仅未尽到对孩子的关怀照顾义务，反而在吸毒后将不足三个月的幼儿小李殴打至重伤二级，严重侵害了未成年人的合法权益，判决撤销李某的监护人资格。为保护小李的人身权益不受侵害，判决程某作为小李的法定监护人。基金会并不在法定的监护人主体范围内，且我国法律法规中并无辅助监护人的概念。因此对于程某要求基金会担任辅助监护人的请求，法院不予支持。①

【以案说法】

本案涉及的一个焦点问题在于监护人资格的判定。小李的父亲李某对小李实施家庭暴力，而且还有吸毒行为，非但不能为小李提供安全庇护，反而严重威胁甚至侵害了小李的合法权益，法院撤销李某监护人资格的同时，判决程某作为小李的法定监护人于法有据。

本案的特殊之处在于，小李的母亲程某与基金会签订协议并请求法院判决基金会为辅助监护人，这一做法是否可行？本案中的基金会虽然在筹集善款，及时救治小李的过程中发挥了积极作用，这一做法充分体现了社会组织对家庭教育的支持，应当得到表彰和肯定。但根据我国法律规定，没有"辅助监护人"这一概念，基金会也不是法定的监护人主体，因此，基金会不能成为未成年人的监护人。

【相关规定指引】

《中国共产党纪律处分条例》

第一百三十六条　党员领导干部不重视家风建设，对配偶、子女及其配偶失管失教，造成不良影响或者严重后果的，给予警告或者严重警告处分；情节严重的，给予撤销党内职务处分。

---

① 《北京首起婚内撤销监护权案宣判 父亲对新生儿施暴被剥夺监护人资格》，载《人民法院报》2016年7月28日第3版；钱笑、孙洪旺：《未成年人监护权撤销制度的法律适用及其完善》，载《法律适用》2020年第10期。

中共中央办公厅、国务院办公厅印发《关于进一步减轻义务教育阶段学生作业负担和校外培训负担的意见》

四、坚持从严治理，全面规范校外培训行为

13. 坚持从严审批机构。各地不再审批新的面向义务教育阶段学生的学科类校外培训机构，现有学科类培训机构统一登记为非营利性机构。对原备案的线上学科类培训机构，改为审批制。各省（自治区、直辖市）要对已备案的线上学科类培训机构全面排查，并按标准重新办理审批手续。未通过审批的，取消原有备案登记和互联网信息服务业务经营许可证（ICP）。对非学科类培训机构，各地要区分体育、文化艺术、科技等类别，明确相应主管部门，分类制定标准、严格审批。依法依规严肃查处不具备相应资质条件、未经审批多址开展培训的校外培训机构。学科类培训机构一律不得上市融资，严禁资本化运作；上市公司不得通过股票市场融资投资学科类培训机构，不得通过发行股份或支付现金等方式购买学科类培训机构资产；外资不得通过兼并收购、受托经营、加盟连锁、利用可变利益实体等方式控股或参股学科类培训机构。已违规的，要进行清理整治。

14. 规范培训服务行为。建立培训内容备案与监督制度，制定出台校外培训机构培训材料管理办法。严禁超标超前培训，严禁非学科类培训机构从事学科类培训，严禁提供境外教育课程。依法依规坚决查处超范围培训、培训质量良莠不齐、内容低俗违法、盗版侵权等突出问题。严格执行未成年人保护法有关规定，校外培训机构不得占用国家法定节假日、休息日及寒暑假期组织学科类培训。培训机构不得高薪挖抢学校教师；从事学科类培训的人员必须具备相应教师资格，并将教师资格信息在培训机构场所及网站显著位置公布；不得泄露家长和学生个人信息。根据市场需求、培训成本等因素确定培训机构收费项目和标准，向社会公示、接受监督。全面使用《中小学生校外培训服务合同（示范文本）》。进一步健全常态化排查机制，及时掌握校外培训机构情况及信息，完善"黑白名单"制度。

15. 强化常态运营监管。严格控制资本过度涌入培训机构，培训机构融资及收费应主要用于培训业务经营，坚决禁止为推销业务以虚构原价、虚假折扣、虚假宣传等方式进行不正当竞争，依法依规坚决查处行业垄断行为。线上培训要注重保护学生视力，每课时不超过30分钟，课程间隔不少于10分钟，培训结束时间不晚于21点。积极探索利用人工智能技术合理控制学生连续线上培训时间。线上培训机构不得提供和传播"拍照搜题"等惰化学生思维能力、影响学生独立思考、违背教育教学规律的不良学习方法。聘请在境内的外籍人员要符合国家有关规定，严禁聘请在境外的外籍人员开展培训活动。

▶ 第四讲
家庭的责任与义务

　　家庭是人生的第一个课堂，家长是孩子的第一任老师。家长应自觉承担起家庭教育的主体责任，树立正确的教育观和人才观，运用科学方法、正确方式抚养教育孩子，帮助和引导孩子"扣好人生第一粒扣子"，为孩子的健康成长和全面发展营造良好的家庭文化氛围。

一、家庭成员的法定责任与义务

　　依照我国法律规定，抚养教育未成年子女是父母或者其他监护人的法定职责。然而，在现实生活中，生而不养、养而不教、教而不当的情况时有发生，反映了某些父母或者其他监护人责任观念和责任意识的淡薄。《家庭教育促进法》第 14 条对未成年人的父母或者其他监护人、其他家庭成员的家庭主体责任予以明确规定："父母或者其他监护人应当树立家庭是第一个课堂、家长是第一任老师的责任意识，承担对未成年人实施家庭教育的主体责任，用正确思想、方法和行为教育未成年人养成良好思想、品行和习惯。共同生活的具有完全民事行为能力的其他家庭成员应当协助和配合未成年人的父母或者其他监护人实施家庭教育。"

（一）父母或者其他监护人的责任

作为父母或者其他监护人，要自觉承担起对未成年子女实施家庭教育的主体责任。

首先，要树立家庭教育主体责任意识。教育未成年人是父母或者其他监护人的法定职责。父母或者其他监护人要充分认识到家庭、父母对于孩子成长的不可或缺，认识到自身主体责任的不可推卸，树牢"家庭是人生的第一个课堂，父母是孩子的第一任老师"的理念。

其次，要依法履行家庭教育职责。父母或者其他监护人对孩子负有抚养、教育和保护的义务，应当坚持立德树人，自觉担负起对未成年人的教育义务和监护职责。保护子女的合法权利，尊重子女独立人格，注重倾听子女诉求和意见，不溺爱，不偏爱，杜绝任何形式的家庭暴力。注重家庭建设，坚持以身作则、言传身教、传承优良家风、培育向上向善家庭文化，为未成年人的健康成长创造良好、和睦、文明的家庭环境。

最后，要掌握科学的教育方法。未成年人的父母或者其他监护人应树立科学家庭教育观念，学习家庭教育知识，接受家庭教育指导，用正确思想、方法和行为教育和引导未成年人。一要提高家庭教育的针对性。及时了解掌握未成年人在不同年龄段的具体表现和成长特点，遵循素质教育理念和未成年人的身心发展规律，尊重个体差异，根据子女年龄特征和个性特点实施家庭教育，做到因材施教，理性确定子女的成长目标。二要把握家庭教育的规律性。坚持以未成年人为本，尊重未成年人的个性和合理需要，创设适合其成长的必要条件和生活情境，促使未成年人养成良好的思想、品行和习惯。三要增强家庭教育的有效性。父母或者其他监护人要努力提升自身素质和能力，积极发挥榜样作用，与学校、社会共同形成教育合力，避免缺教少护、教而不当的情况。

(二) 共同生活的其他家庭成员的义务

作为共同生活的具有完全民事行为能力的其他家庭成员，具有协助和配合未成年人的父母或者其他监护人实施家庭教育的义务，应当协助未成年人的父母或者其他监护人抚养、教育和保护未成年人。《家庭教育促进法》第 14 条第 2 款之所以对共同生活的其他家庭成员的家庭教育义务作出规定，主要是综合考虑了我国的现实国情以及家庭成员共同促进家庭文明和谐建设的需要。当前，我国诸多家庭依然是数代人共同生活，特别是对于双职工家庭而言，未成年人往往与父母、祖父母或外祖父母共同生活并得到祖父母或外祖父母的照料。此时，祖父母或外祖父母帮助未成年人的父母承担了诸多抚养教育责任。

在把握共同生活的其他家庭成员的家庭教育义务时，需要注意以下两点：一是共同生活的其他家庭成员须具有完全民事行为能力。按照《民法典》第 18 条规定，成年人即 18 周岁以上的自然人为完全民事行为能力人；16 周岁以上的未成年人，以自己的劳动收入为主要生活来源的，视为完全民事行为能力人。由此，在一个家庭中，与未成年人共同生活的除父母或者其他监护人以外的成年家庭成员，应当负有协助和配合家庭教育的义务。值得注意的是，限制民事行为能力或无民事行为能力的成年家庭成员则不具有家庭教育的义务。同时，以自己的劳动收入为主要生活来源的 16 周岁以上的未成年人如兄弟姐妹等，也负有协助和配合家庭教育的义务。二是共同生活的其他家庭成员承担的家庭教育义务是协助、配合义务，不能替代未成年人的父母或者其他监护人。

未成年人的父母或者其他监护人不能因为有其他家庭成员的协助和配合，就怠于履行或者拒绝履行抚养、教育未成年子女的义务。

二、家庭家风建设的要求

每个家庭的风气，集中表现出这个家庭的独特风格，以润物无声的方式影响着每一个家庭成员。良好的家风家教对于一个人的成长至关重要。

《家庭教育促进法》第 15 条规定："未成年人的父母或者其他监护人及其他家庭成员应当注重家庭建设，培育积极健康的家庭文化，树立和传承优良家风，弘扬中华民族家庭美德，共同构建文明、和睦的家庭关系，为未成年人健康成长营造良好的家庭环境。"本条以法律形式明确了广大家长要树立良好家风，注重自身修养，注意行为举止，以身作则、言传身教，为孩子健康成长营造良好的家庭环境。

长期以来，我国各部门在推进家风家教建设方面作出了积极努力。自 2019 年起，全国妇联启动家风家教主题宣传月，确定每年 5~6 月集中开展家风家教主题宣传活动。注重家庭、注重家教、注重家风，构建平等民主和谐的家庭关系，营造相亲相爱的家庭氛围，弘扬向上向善的家庭美德，为子女健康成长创造良好家庭环境。强化家庭责任教育，通过开展家风家教巡讲进企业等活动，增强家长监护主体责任意识，为促进孩子健康成长营造良好的家庭环境。中共中央办公厅、国务院办公厅印发《关于实施中华优秀传统文化传承发展工程的意见》指出，广泛开展文明家庭创建活动，挖掘和整理家训、家书文化，用优良的家风家教培育青少年。挖掘和保护乡土文化资源，建设新乡贤文化，培育和扶持乡村文化骨干，提升乡土文化内涵，形成良性乡村文化生态，让子孙后代记得住乡愁。2021 年 1 月 24 日通过的《中国共产党第十九届中央纪律检查委员会第五次全体会议公报》指出，要教育引导党员领导干部坚决反对特权思想和特权行为，严格管好家属子女，严格家风家教。

三、家庭教育的主要内容

家庭教育虽然与社会教育、学校教育具有一定的交叉，但家庭教育又与二者在功能和内容方面有着显著不同。《家庭教育促进法》第 16 条对家庭教育的内容作出明确规定，为未成年人的父母或者其他监护人针对不同年龄段未成年人的身心发展特点开展家庭教育提供了指引。从家庭教育的性质和特点出发，家庭教育主要有以下几个方面内容。

（一）培养未成年人的家国情怀和中华民族共同体意识

习近平总书记指出："爱国，是人世间最深层、最持久的情感，是一个人立德之源、立功之本。"[①] 有国才有家，家庭和国家有着不可分割的联系。在家庭教育中培育和践行社会主义核心价值观，最为首要的一点就是要培养未成年人的爱国意识。要教育未成年人爱党、爱国、爱人民、爱集体、爱社会主义，树立维护国家统一的观念，铸牢中华民族共同体意识，培养家国情怀。

（二）培养未成年人的道德观念和法治意识

要注重品德教育，教育未成年人崇德向善、尊老爱幼、热爱家庭、勤俭节约、团结互助、诚信友爱、遵纪守法，形成尊老爱幼、明礼诚信、友善助人等良好的道德品质。要培养未成年人良好社会公德、家庭美德，养成好思想和好品行。未成年人的父母或者其他监护人有教育、引导未成年人遵纪守法的义务，对未成年人预防犯罪教育负有直接责

---

① 习近平：《在北京大学师生座谈会上的讲话》，人民出版社 2018 年版，第 11 页。

任。要增强未成年人的个人品德意识、法治意识和社会责任感。未成年人的父母或者其他监护人发现未成年人心理或者行为异常的，应当及时了解情况并进行教育、引导和劝诫，不得拒绝或者怠于履行监护职责，对于未成年人实施违法犯罪行为的，应该及时制止，向公安机关报告，并积极配合做好矫治教育工作。

（三）培养未成年人的科学精神和创新意识

帮助未成年人树立正确的成才观。引导其培养广泛的兴趣爱好、健康审美追求和良好学习习惯，增强科学探索精神、创新意识和能力。

培养子女健康的审美情趣和审美能力，引导和鼓励子女亲近大自然，参加社会实践和公益活动，善于发现美、欣赏美、创造美，陶冶高尚情操，提升文明素质。

（四）引导未成年人养成良好习惯

引导未成年人养成良好生活习惯和行为习惯，保证未成年人营养均衡、科学运动、睡眠充足、身心愉悦，帮助其形成阳光心态、磨炼坚强意志、锻炼强健体魄，促进未成年人身心健康发展。教育引导未成年人养成良好学习习惯，提升自主学习能力，保护未成年人的好奇心和学习兴趣，理性帮助其确定成长目标，不盲目攀比，不增加未成年人过重课外负担，用德智体美劳全面发展的眼光评价未成年人。

（五）帮助未成年人提高安全意识

关注未成年人心理健康，教导其珍爱生命，对其进行交通出行、健康上网和防欺凌、防溺水、防诈骗、防拐卖、防性侵等方面的安全知识教育，帮助其掌握安全知识和技能，增强其自我保护的意识和能力。有针对性地对未成年人进行性健康和青春期教育，增强未成年人自我保护的意识和能力。

（六）培养未成年人的劳动技能和能力

父母或者其他监护人要教育引导未成年人树立正确的劳动观念，参加力所能及的劳动，提高生活自理能力和独立生活能力，养成吃苦耐劳的优秀品格和热爱劳动的良好习惯。

四、家庭教育的方式方法

实施家庭教育，只有掌握科学的教育方法，提高家庭教育的能力与水平，才能提高家庭教育的有效性。据江苏省妇联与有关部门开展的家庭教育现状问卷调查，近50%的家长不知道用什么方法教育孩子，约八成家长缺乏相关知识和经验借鉴，迫切需要家庭教育服务。[①]正因如此，《家庭教育促进法》第17条对实施家庭教育的方式方法进行了规定，明确未成年人的父母或者其他监护人实施家庭教育，应当关注未成年人的生理、心理、智力发展状况，尊重其参与相关家庭事务和发表意见的权利，合理运用家庭教育的方式方法。具体而言，有以下九个方面。

（一）亲自养育，加强亲子陪伴

未成年人的健康成长，离不开父母或者其他监护人的养育和陪伴。作为家长，要对子女多陪伴、多关爱。然而，现实生活中却存在一些"生而不养"的情况。这不仅会带来亲子关系疏远、家庭关系紧张等一系列家庭问题，而且会给未成年人的心理健康造成不利影响。研究表

---

① 《做好家庭教育离不开全社会努力》，载《中国教育报》2018年11月23日，第2版。

明，缺少父母陪伴的孩子，在性格上容易出现自卑、缺乏安全感等情况。《家庭教育促进法》对此作出规定，明确要求父母或者其他监护人要加强对未成年人的陪伴和联系。其中，该法第 30 条第 2 款专门就留守或困境未成年人的亲子联系作出规定，教育行政部门、妇女联合会应当采取有针对性的措施，为留守未成年人和困境未成年人的父母或者其他监护人实施家庭教育提供服务，引导其积极关注未成年人身心健康状况、加强亲情关爱。2016 年，《国务院关于加强农村留守儿童关爱保护工作的意见》指出，外出务工人员要与留守未成年子女常联系、多见面，及时了解掌握他们的生活、学习和心理状况，给予更多亲情关爱。

（二）共同参与，发挥父母双方的作用

曾几何时，"丧偶式"育儿成为一个热门话题。家庭教育是父母双方共同承担的责任，而不能交由一方负责，另一方撒手不管。在家庭生活中，父亲或者母亲只是所承担的分工或角色有所不同，而家庭教育的义务和责任是同等重要的。双方要加强沟通和交流，各自承担起家庭教育的责任。

（三）相机而教，寓教于日常生活之中

对未成年人实施家庭教育应寓教于未成年人日常生活之中，借助一切与未成年人共同参与的活动或共处机会，适时进行引导与培育。未成年人对周围事物有着较强的好奇心和求知欲，父母或者其他监护人可以借助相关事例或情形，就事论理，增强家庭教育的有效性。

（四）潜移默化，言传与身教相结合

父母或者其他监护人应当时时处处为未成年人树立榜样，以自身健康的思想、良好的品行影响和帮助未成年人养成好思想、好品格和好习惯。这首先就需要广大父母或者其他监护人牢牢树立以身作则和言传身教的意识，注重自身修养，不断提高自身素质，时刻注重自己的一言一行，为未成年人作出示范。

（五）严慈相济，关心爱护与严格要求并重

父母或者其他监护人要关心和关爱未成年人，要对未成年人多帮助、多提醒，但要避免溺爱。对于未成年人所犯错误和不良行为，要及时指出、劝诫，并加以制止和管教，给予严格要求，加强对未成年人的教育和约束。

（六）尊重差异，根据年龄和个性特点进行科学引导

《全国家庭教育指导大纲（修订）》提出要坚持"儿童为本原则"，尊重儿童身心发展规律和个体差异，创设适合儿童成长的必要条件，保护儿童各项权利，促进儿童自然、全面、充分、个性发展。

未成年人的成长过程是共性和个性的有机统一，有其特殊的内在规律，正因如此，家庭教育的重要前提就是要尊重未成年人的成长规律。父母或者其他监护人要尊重未成年人的个体差异，根据年龄阶段和个性特点，以科学的方式实施家庭教育。

（七）平等交流，予以尊重、理解和鼓励

未成年人作为独立的权利主体，其依法享有参与家庭和社会生活并就影响其生活的事项发表意见的权利。未成年人同样需要得到家庭成员的理解与尊重。父母或者其他监护人应尊重和保护未成年人的权利，与未成年人平等交流和沟通，不能歧视、虐待和忽视未成年人的各项权

利。根据《未成年人保护法》第 19 条的规定，未成年人的父母或者其他监护人应当根据未成年人的年龄和智力发展状况，在作出与未成年人权益有关的决定前，听取未成年人的意见，充分考虑其真实意愿。

（八）相互促进，父母与子女共同成长

父母对子女实施家庭教育的过程，也是父母与子女共同成长的过程。而父母作为子女的第一任老师，其素质的高低直接关系着家庭教育质量的好坏。就此而言，父母或者其他监护人自身要树立正确的世界观、人生观和价值观，做到思想健康、品行端正，对未成年人进行教育、引导和培育。

（九）其他有益于未成年人全面发展、健康成长的方式方法

在家庭教育中，父母或者其他监护人应当树立正确的教育观和人才观，尊重未成年人身心发展规律和家庭教育规律，着眼未成年人全面发展，运用科学的方法和正确的方式对未成年人进行抚养和教育。根据《关于健全学校家庭社会协同育人机制的意见》，家长要充分认识社会实践大课堂对子女教育的重要作用，积极引导子女体验社会。家长可以视子女年龄情况，主动利用节假日、休息日等闲暇时间带领或支持子女开展户外活动和参观游览，参加多种形式的文明实践、社会劳动、志愿服务、职业体验以及文化艺术、科普体育、手工技能等实践活动，以便更好地促进子女全面发展、健康成长。

五、特殊情形下的家庭教育

《家庭教育促进法》第 20 条、第 21 条、第 30 条第 2 款分别对父母分居或离异时的家庭教育、委托照护下的家庭教育、留守或困境未成年

人的家庭教育进行了规定。

《家庭教育促进法》第 20 条规定："未成年人的父母分居或者离异的，应当相互配合履行家庭教育责任，任何一方不得拒绝或者怠于履行；除法律另有规定外，不得阻碍另一方实施家庭教育。"

第 21 条规定："未成年人的父母或者其他监护人依法委托他人代为照护未成年人的，应当与被委托人、未成年人保持联系，定期了解未成年人学习、生活情况和心理状况，与被委托人共同履行家庭教育责任。"

第 30 条第 2 款规定："教育行政部门、妇女联合会应当采取有针对性的措施，为留守未成年人和困境未成年人的父母或者其他监护人实施家庭教育提供服务，引导其积极关注未成年人身心健康状况、加强亲情关爱。"

上述各法条明确了无论父母双方关系如何，是否能够陪伴在未成年人身边，都要严格依照《家庭教育促进法》的相关规定履行家庭教育职责，切实履行作为监护人的责任与义务，关注未成年人的身心健康成长，不得对未成年人放任不管。

六、实施家庭教育时的禁止性规定

《家庭教育促进法》第 23 条规定："未成年人的父母或者其他监护人不得因性别、身体状况、智力等歧视未成年人，不得实施家庭暴力，不得胁迫、引诱、教唆、纵容、利用未成年人从事违反法律法规和社会公德的活动。"

（一）不得歧视未成年人

依据我国《未成年人保护法》的规定，未成年人依法平等地享有各项权利，不因本人及其父母或者其他监护人的民族、种族、性别、户籍、职业、宗教信仰、教育程度、家庭状况、身心健康状况等受到歧视。作为父母或者其他监护人不得因性别、身体状况、智力等歧视未成年人。

（二）不得实施家庭暴力

随着社会的发展和法治的健全，"法不入家门"早已成为历史，反对家庭暴力成为社会文明进步的一个重要标志。2015 年，《反家庭暴力法》的出台，明确了家庭暴力的预防和处置机制措施，标志着家暴行为正式进入了法律监管范畴，对于我国反对家庭暴力、保护妇女儿童等弱势群体具有里程碑式的意义。

在家庭生活中，由于受"棍棒底下出孝子"等传统教育观念的影响，针对未成年人实施家庭暴力的事件依然时有发生。这不仅侵害未成年人的人身权利，而且破坏和睦的家庭关系，应当予以反对和制止。《未成年人保护法》第 17 条明确规定未成年人的父母或者其他监护人不得对未成年人实施家庭暴力。《反家庭暴力法》第 12 条规定："未成年人的监护人应当以文明的方式进行家庭教育，依法履行监护和教育职责，不得实施家庭暴力。"《家庭教育促进法》第 23 条再次对不得实施家庭暴力作出规定和强化。把握这一禁止性规定，需要注意以下几点。

一是什么是家庭暴力？家庭暴力有哪些表现？根据《反家庭暴力法》第 2 条的规定，家庭暴力，是指家庭成员之间以殴打、捆绑、残害、限制人身自由以及经常性谩骂、恐吓等方式实施的身体、精神等侵害行为。家庭暴力主要包括身体暴力和精神暴力两类。在大量家庭教育案例中，身体暴力是最为常见且最为典型的家庭暴力形式，通常表现为父母或者其他监护人以暴力方式管教未成年人，对未成年人施以殴打、捆绑、掐拧、残害等行为。精神暴力，俗称"冷暴力"，通常表现为父母或者其他监护人在家庭教育中对未成年人采取恐吓、威胁、无端指责、谩骂、人格贬损、讽刺、冷漠等方式，这些方式会伤害未成年人的幼小心灵，影响未成年人的心理健康，甚至会导致未成年人产生严重的心理问题。需要注意的是，在家庭生活中，即便不对未成年人直接实施家庭暴力，但让未成年人目睹家庭成员如父母之间的家庭暴力行为，也会给未成年人带来精神和心理方面的伤害。调查显示，在暴力家庭中成长的未成年人发生自杀和犯罪的概率均要高出正常家庭，未成年人容易产生自卑、恐惧、抑郁、冷酷、暴躁等不良性格，而且容易引发恶性犯罪案件，危害社会的安全与稳定。作为父母或者其他监护人，应当走出传统教育观念的误区，采取科学、文明的教育方式对未成年人进行家庭教育。

二是遭遇家暴应该怎么办？未成年人遭遇家庭暴力，可以通过拨打110报警求助，也可向学校老师求助。由于未成年人多是限制民事行为能力人，当其因受到强制、威吓等原因无法申请人身安全保护令时，其近亲属、公安机关、妇女联合会、居民委员会、村民委员会、救助管理机构都可以代为向人民法院申请人身安全保护令。

（三）不得胁迫、引诱、教唆、纵容、利用未成年人从事违反法律法规和社会公德的活动

《家庭教育促进法》第23条明令禁止父母或者其他监护人胁迫、引诱、教唆、纵容、利用未成年人从事违反法律法规和社会公德的活动。要注意把握以下两点。

一是禁止胁迫、引诱、教唆、纵容、利用未成年人从事违反法律法

规的活动。

在我国，法律法规广义上是指一切具有强制约束力的规范性文件，包括现行有效的法律、行政法规、司法解释、地方性法规、地方性规章、部门规章及其他规范性文件。父母或者其他监护人应当教育和引导未成年人遵纪守法，而不能胁迫、引诱、教唆、纵容或者利用未成年人从事违法活动。

《未成年人保护法》第 17 条通过列举的方式明确细化了未成年人的父母或者其他监护人在监护中的禁止性行为。例如，未成年人的父母或者其他监护人不得放任、教唆或者利用未成年人实施违法犯罪行为；不得放任、唆使未成年人参与邪教、迷信活动或者接受恐怖主义、分裂主义、极端主义等侵害；不得放任或者迫使应当接受义务教育的未成年人失学、辍学；不得允许或者迫使未成年人从事国家规定以外的劳动；等等。《未成年人保护法》第 54 条对禁止胁迫、引诱、教唆未成年人参加黑社会性质组织或者从事违法犯罪活动，禁止胁迫、诱骗、利用未成年人乞讨等作出了规定。

刑罚处罚是最严厉的处罚方式。《刑法》第 262 条之一规定："以暴力、胁迫手段组织残疾人或者不满十四周岁的未成年人乞讨的，处三年以下有期徒刑或者拘役，并处罚金；情节严重的，处三年以上七年以下有期徒刑，并处罚金。"第 262 条之二规定："组织未成年人进行盗窃、诈骗、抢夺、敲诈勒索等违反治安管理活动的，处三年以下有期徒刑或者拘役，并处罚金；情节严重的，处三年以上七年以下有期徒刑，并处罚金。"第 347 条第 6 款规定："利用、教唆未成年人走私、贩卖、运输、制造毒品，或者向未成年人出售毒品的，从重处罚。"第 353 条第 3款规定："引诱、教唆、欺骗或者强迫未成年人吸食、注射毒品的，从重处罚。"第 358 条规定，对组织、强迫未成年人卖淫者予以从重处罚。

作为父母或者其他监护人，自身首先应该树立法律意识、科学意识，带头遵纪守法，维护法治秩序，给未成年人树立良好的榜样。

二是禁止胁迫、引诱、教唆、纵容、利用未成年人从事违反社会公德的活动。

社会公德是全体公民在社会交往和公共生活中应该遵循的行为准则，涵盖了人与人、人与社会、人与自然之间的关系。根据《新时代公民道德建设实施纲要》，要推动践行以文明礼貌、助人为乐、爱护公物、保护环境、遵纪守法为主要内容的社会公德，鼓励人们在社会上做一个好公民。

父母或者其他监护人对于未成年人的行为具有教育和引导的义务，其中一个非常重要的方面就是要教育和引导未成年人遵守社会公德，不得胁迫、引诱、教唆、纵容、利用未成年人从事违反社会公德活动。

七、典型案例

（一）要通过家庭教育引导未成年人树立正确的人生观、价值观

【案情简介】

小糟于 2021 年 5 月受雇于经营白酒和雪糕批发的老板王某一。同月，其在前往仓库准备领取待配送商品时，趁院内无人，盗取了王某二的 4000 元现金，并将现金装在裤兜内。后小糟在配送商品过程中不慎将装在裤兜内的 1300 余元赃款丢失，将 600 余元赃款用于生活支出。案发后，小糟被扭送至公安机关。县公安局民警依法从被告人小糟处扣押了剩余的 2040 元赃款，并于破案后将扣押赃款返还王某二。在审查起诉阶段，小糟的家属主动退赔了王某二的剩余损失 1960 元，且取得了王某二的谅解。同年 6 月，县人民检察院对小糟作出取保候审及附条件不起诉决定。

同年 7 月，小糟来到某汽修厂职工高某一的宿舍，盗窃了高某一的笔记本电脑 1 台（价值 3172 元）、鼠标两个（分别价值 40 元、70 元）、U 盘 1 个（价值 12 元），后将盗得的笔记本电脑等物品拿回家中。当晚小糟在其父亲糟某的陪同下，将被盗物品拿至汽修厂。后被盗物品被在场的民警依法扣押并在破案后返还高某一。同年 8 月，小糟在回家途中，翻墙进入钮某家中，盗得价值 3584 元的黄金戒指、耳环及银色纪念章。其离开时被回到家中的钮某堵住，后钮某拨打电话报警。破案后被盗赃物已追回并返还钮某。因小糟在附条件不起诉考验期内实施新的犯罪，县人民检察院对其撤销附条件不起诉，并将其逮捕。

法院审理认为，小糟在 2021 年 5 月至 8 月以非法占有为目的窃取他人财物，作案三次，涉案价值共计 10878 元，数额较大，其行为已构成盗窃罪，应依法惩处。小糟第一次犯罪时未满 18 周岁，应从轻或者减轻处罚……为了贯彻"以教育为主，以惩罚为辅"的原则，充分考虑被告人犯罪时的年龄、案件性质、认罪悔罪态度以及其他法定、酌定处罚情节，决定对被告人依法从轻处罚。最终，判决小糟犯盗窃罪，判处有期徒刑 10 个月，并处罚金 2000 元。[①]

【以案说法】

在本案中，小糟第一次作案时未满 18 周岁，仍是未成年人。随着司法部门对案件的深入调查，发现小糟之所以屡次犯罪，除因其认知水平不高、法律意识淡薄等自身原因外，还有着深刻的家庭和社会原因。特别是在小糟被附条件不起诉后，原本应该遵守法律法规，积极学习文化知识和生产技能，但他不思悔改，一再实施新的犯罪并逐渐滑向再犯罪的深渊，追根溯源，在很大程度上是因为小糟未能充分接受来自家庭

---

① 参见（2021）甘 0525 刑初 92 号刑事判决书，载中国裁判文书网。

和学校的教育，从而缺乏正确的人生观和价值观。这就需要强化对未成年人的家庭教育，引导未成年人树立正确的人生观、价值观。在未成年人的成长过程中，家庭教育不能缺位。

（二）未成年人的成长离不开家庭教育和监管

【案情简介】

2018 年 5 月的某晚，彭某、赵某、潘某等人一起在刨冰摊喝啤酒。其间，时年 17 岁的小何（女）接到邀请后来到该刨冰摊参与喝酒。彭某为了灌醉小何以方便其与醉酒后的小何发生性关系，便带头与小何喝酒并向在场其他人暗示，示意大家向小何灌酒。被灌醉的小何为了离开现场，便联系王某前来将自己接走，王某到场后被彭某吼走，小何害怕彭某找麻烦只好留下继续喝酒。喝酒结束后，彭某将已醉酒的小何带至宾馆房间，在小何醉酒后性防卫能力较弱的情况下，强行与小何发生性关系。随后，彭某给潘某打电话告知此事，潘某提出让赵某也去与小何发生性关系。赵某来到小何所在房间后企图与其发生性关系，遭到小何强烈反抗。赵某遂逃离房间。小何于事发后报警。

在法庭审理过程中，法院了解到彭某、潘某等人的相关情况，二人作案时均属于未成年人。彭某初二便辍学在家，经常与社会上的闲杂人员打交道，缺乏一定的家庭教育和监管，多次在当地实施违法犯罪行为，因未满 18 周岁，未达到刑事责任年龄，让其形成侥幸心理；潘某在初二辍学回家后，无正当工作，多在当地活动，与社会上的闲杂人员打交道较多，缺乏一定的家庭教育和监管，多在酒吧等复杂场所工作，受到一定的影响。①

---

① 参见（2021）川 1903 刑初 40 号刑事判决书，载中国裁判文书网。

【以案说法】

无论是这起案件的被害人小何，还是被告人彭某、潘某，在案发时均是未成年人。彭某和潘某的行为属于未成年人犯罪。在法庭审理过程中，小何曾陈述自己的内心挣扎，因其父母均在外务工，仅留自己一人在当地，在喝酒途中虽想离开，但害怕彭某等找麻烦而不敢离开。加之后来看到潘某等打人，彭某不让其走也不让王某接其走，内心害怕而只好继续留下喝酒不敢说离开。可以说，小何存在一定程度的家庭教育缺失，缺乏来自家庭的人身安全教育与关爱。对于彭某和潘某而言，犯罪行为的发生在很大程度上与缺乏家庭教育和监管有关。这起案件带来的警示作用是深刻的，促进未成年人健康成长，应当从家庭教育开始。

（三）父母不得为未成年人订立婚约

【案情简介】

2015 年 1 月，小申（时年 17 周岁）与晏某两人按农村风俗举行婚礼并公开以夫妻名义同居生活，一直未办理结婚登记手续。在共同生活期间，因小申经常与他人聊暧昧信息而导致两人感情不和。2016 年 4 月，小申在与晏某共同生活近 14 个月后离开，双方开始分居。2020 年 4 月，晏某向法院起诉，提出判令小申和其父申某连带返还晏某彩礼 45000 元，连带赔偿晏某经济损失 31840 元等诉讼请求。法院经过一审、二审，最终驳回了晏某的诉讼请求。[①]

【以案说法】

本案是一起典型的因父母包办未成年人婚姻而引发的纠纷案件。类

---

① 参见（2020）黔 06 民终 1228 号民事判决书，载中国裁判文书网。

似案件在我国农村地区并不鲜见。《未成年人保护法》第17条明确规定，不得为未成年人订立婚约。小申的父母为未成年人小申订立婚约事实上已经触犯法律。年仅17周岁的小申与晏某按照农村风俗举办婚礼时，小申是没有达到法定结婚年龄的未成年人。在当地农村，即便双方一直没有办理结婚登记，但举办具有地方特色的婚礼并开始以夫妻名义共同生活，就意味着双方已经真正组建成一个家庭。小申与晏某举办婚礼并同居生活近14个月的时间，虽然在法律意义上二人婚姻关系没有成立，但实质意义上已经开始真正的共同生活。根据我国有关政策及法律的精神，我国法律上不承认婚约具有法律效力，其不是缔结婚姻关系的必要组成部分。当事人自愿订立婚约的，属于道义上负有应当履行的责任，但法律不予干涉。因婚约不具有法律效力，故而晏某以小申违约为由，主张小申和其父申某连带赔偿其经济损失等诉讼请求没有法律依据。

（四）父母应确保家庭教育不缺位

【案情简介】

2021年6月至7月，小黄（时年17周岁）在明知钱款系他人实施犯罪所得赃款的情况下，先后在本市多地招募多人办理银行卡并收购，再交由同伙利用涉案银行卡接收并转移诈骗所得资金共计350余万元，小黄获取非法利益13万元。

法院经审理认为，小黄明知是犯罪所得赃款，仍伙同他人予以接收、转移，情节严重，其行为构成掩饰、隐瞒犯罪所得罪。鉴于小黄在实施犯罪行为时系未成年人，且具有初犯、认罪认罚、退赃等情节，依法应对其从轻处罚，故以掩饰、隐瞒犯罪所得罪判处小黄有期徒刑三年四个月，并处罚金4万元；继续追缴违法所得13万元，依法予以没收。法院在审理中了解到，小黄的父母早年离异，其一直跟随父亲黄某生活。多年来,黄某未能充分履行监护人职责,对小黄疏于管教。依照《家庭教育促进法》的有关规定,对小黄的父亲未正确实施家庭教育、履行监护职责的行为予以批评,并责令其接受家庭教育指导。人民法院邀请区妇联工作人员及心理咨询师、家庭教育指导师,对黄某进行具有针对性的指导。[1]

【以案说法】

家庭是第一个课堂。父母作为孩子的第一任老师,要认真履行责任,不仅要关注未成年人的身心健康状况,掌握未成年人的思想动态,而且要加强对未成年人教育、引导和影响。

从司法实践来看,许多未成年人走上犯罪道路,其背后都隐藏着一个深层原因,即家庭教育的缺失。本案是一起典型的因未成年人犯罪开展家庭教育指导的案例。法院在审理本案中发现了被告人小黄的家庭教育缺失问题,遂责令未充分履行监护职责的父亲黄某接受家庭教育指导,这对于挽救涉案未成年人具有十分重要的作用。

预防和减少未成年人犯罪,帮教挽救迷途未成年人回归正轨,需要广大家长落实家庭教育责任,为未成年人成长营造良好的家庭环境。

(五) 父母应关注未成年人的身心健康

【案情简介】

学生小马与小谢系某中学同班同学,二人因琐事产生矛盾在网络上相互谩骂,后在线下交涉过程中发生肢体冲突,导致小马鼻梁骨骨折。小马诉至人民法院要求小谢承担侵权赔偿责任,法院经主持调解,由小谢监护人赔偿小马经济损失800元。人民法院在审理中发现,小马对待人生的态度十分消极,调解过程中多次表示"生命其实并不重要",同

---

[1]　黄某掩饰、隐瞒犯罪所得案,载天津和平区人民法院微信公众号,https://mp.weixin.qq.com/s/SLdGQKTo4L7eOZ3Z5pL2zA,2022 年 10 月 7 日访问。

时出现抑郁自残倾向。小马在父母离异后随母亲生活，之后其母亲重组家庭，生父常年在外务工，均缺乏对小马的陪伴和关心，导致小马的性格向孤僻和极端发展。法庭向小马的母亲普及了有关法律知识，分析了小马心理障碍产生的原因，同时向其发出《家庭教育指导令》。①

【以案说法】

《家庭教育促进法》第 16 条规定："未成年人的父母或者其他监护人应当针对不同年龄段未成年人的身心发展特点，以下列内容为指引，开展家庭教育……（五）关注未成年人心理健康，教导其珍爱生命……"该条文明确要求未成年人父母或其他监护人对未成年人的心理健康要予以重视和关注。小马的父母未能正确履行监护人职责，严重失职，导致经历家庭变故的小马长期缺乏父母关心关爱出现心理问题。人民法院确有必要对原生家庭解体后对于未成年人出现教育空白、关爱缺位的监护人开展家庭教育指导，督促其正确履行监护人职责。

【相关规定指引】

《宪法》

第四十九条第三款　父母有抚养教育未成年子女的义务，成年子女有赡养扶助父母的义务。

《民法典》

第二十六条第一款　父母对未成年子女负有抚养、教育和保护的义务。

《未成年人保护法》

第十六条　未成年人的父母或者其他监护人应当履行下列监护职责：

---

① 马某诉谢某健康权纠纷案，载重庆江津法院微信公众号，https://mp.weixin.qq.com/s/Loiog8ReqQkOmN4MRz2pZg，2022 年 10 月 6 日访问。

（一）为未成年人提供生活、健康、安全等方面的保障；

（二）关注未成年人的生理、心理状况和情感需求；

（三）教育和引导未成年人遵纪守法、勤俭节约，养成良好的思想品德和行为习惯；

（四）对未成年人进行安全教育，提高未成年人的自我保护意识和能力；

（五）尊重未成年人受教育的权利，保障适龄未成年人依法接受并完成义务教育；

（六）保障未成年人休息、娱乐和体育锻炼的时间，引导未成年人进行有益身心健康的活动；

（七）妥善管理和保护未成年人的财产；

（八）依法代理未成年人实施民事法律行为；

（九）预防和制止未成年人的不良行为和违法犯罪行为，并进行合理管教；

（十）其他应当履行的监护职责。

第十七条　未成年人的父母或者其他监护人不得实施下列行为：

（一）虐待、遗弃、非法送养未成年人或者对未成年人实施家庭暴力；

（二）放任、教唆或者利用未成年人实施违法犯罪行为；

（三）放任、唆使未成年人参与邪教、迷信活动或者接受恐怖主义、分裂主义、极端主义等侵害；

（四）放任、唆使未成年人吸烟（含电子烟，下同）、饮酒、赌博、流浪乞讨或者欺凌他人；

（五）放任或者迫使应当接受义务教育的未成年人失学、辍学；

（六）放任未成年人沉迷网络，接触危害或者可能影响其身心健康

的图书、报刊、电影、广播电视节目、音像制品、电子出版物和网络信息等;

（七）放任未成年人进入营业性娱乐场所、酒吧、互联网上网服务营业场所等不适宜未成年人活动的场所;

（八）允许或者迫使未成年人从事国家规定以外的劳动;

（九）允许、迫使未成年人结婚或者为未成年人订立婚约;

（十）违法处分、侵吞未成年人的财产或者利用未成年人牟取不正当利益;

（十一）其他侵犯未成年人身心健康、财产权益或者不依法履行未成年人保护义务的行为。

第五十四条　禁止拐卖、绑架、虐待、非法收养未成年人,禁止对未成年人实施性侵害、性骚扰。

禁止胁迫、引诱、教唆未成年人参加黑社会性质组织或者从事违法犯罪活动。

禁止胁迫、诱骗、利用未成年人乞讨。

《教育部关于加强家庭教育工作的指导意见》

一、充分认识加强家庭教育工作的重要意义

家庭是社会的基本细胞。注重家庭、注重家教、注重家风,对于国家发展、民族进步、社会和谐具有十分重要的意义。家庭是孩子的第一个课堂,父母是孩子的第一任老师。家庭教育工作开展的如何,关系到孩子的终身发展,关系到千家万户的切身利益,关系到国家和民族的未来。近年来,经过各地不断努力探索,家庭教育工作取得了积极进展,但还存在认识不到位、教育水平不高、相关资源缺乏等问题,导致一些家庭出现了重智轻德、重知轻能、过分宠爱、过高要求等现象,影响了孩子的健康成长和全面发展。当前,我国正处在全面建成小康社会的关键阶段，提升家长素质，提高育人水平，家庭教育工作承担着重要的责任和使命。各地教育部门和中小学幼儿园要从落实中央"四个全面"战略布局的高度，不断加强家庭教育工作，进一步明确家长在家庭教育中的主体责任，充分发挥学校在家庭教育中的重要作用，加快形成家庭教育社会支持网络，推动家庭、学校、社会密切配合，共同培养德智体美劳全面发展的社会主义建设者和接班人。

《教育部等六部门关于联合开展未成年人网络环境专项治理行动的通知》

二、工作任务

（三）专项治理低俗有害信息。重点整治学习教育类网站平台和其他网站的网课学习版块推送网络游戏、低俗小说、娱乐直播等与学习无关的信息问题。坚决清理网站平台少儿、动画、动漫等频道涉低俗色情、校园霸凌、拜金主义、封建迷信等导向不良内容。严格处置直播、短视频网站平台存在的色情、暴力、恐怖等低俗不良信息。严厉打击即时通讯工具群圈、社交平台诱导未成年人自残自杀和教唆未成年人犯罪的信息和行为。从严整治青少年常用工具类应用程序恶意弹窗，诱导点击跳转至淫秽色情、低俗庸俗等有害页面的行为。依法查处在针对未成年人的大众传播媒介上发布不利于未成年人身心健康的网络游戏广告违法行为。(网信部门牵头，电信、公安、市场监管等部门配合)

▶ 第五讲
学校的义务与责任

中小学校、幼儿园是家庭教育指导服务的重要阵地，做好家庭教育指导服务工作是中小学校、幼儿园的一项重要任务。这就要求中小学校、幼儿园要把家庭教育指导服务纳入学校工作的总体部署，充分发挥学校在家庭教育中的重要作用。

一、中小学校和幼儿园的工作职责

我国历来重视发挥学校在家庭教育中的作用。《家庭教育促进法》从不同的角度对中小学和幼儿园为家庭教育提供指导与支持作出了规定，明确了提供家庭教育指导服务是中小学、幼儿园的法定职责。

《家庭教育促进法》第 39 条以法律形式明确了中小学校、幼儿园的家庭教育指导服务义务，规定"中小学校、幼儿园应当将家庭教育指导服务纳入工作计划，作为教师业务培训的内容"。这不仅有利于提高教师指导服务家庭教育的水平，而且有利于促进家庭教育指导服务工作机制的完善。具体而言，需要做好以下两项工作：

一是将家庭教育指导服务纳入工作计划。中小学校、幼儿园应将家庭教育指导服务纳入工作计划，充分发挥专业指导优势，建立健全家庭教育指导委员会、家长学校、家长委员会、学校开放日、家长会、家访等工作机制，依法开展家庭教育指导服务。在长期实践中，我国部分省市已经将家庭教育指导服务纳入学校工作，并建立了家庭教育指导工作机制。例如，《山西省家庭教育促进条例》明确规定在学校指导方面，应将家庭教育指导服务纳入工作计划，成立家长委员会和家长学校，每年至少开展两次家庭教育实践活动。《安徽省家庭教育促进条例》规定，幼儿园、中小学等学校应当建立家庭教育指导工作制度，完善家庭教育指导机制，将家庭教育指导工作纳入教职工业务培训内容。《福建省家庭教育促进条例》规定，学校应当建立健全家庭教育指导工作制度，将家庭教育指导工作纳入学校发展规划和工作计划，建立家庭教育指导工作队伍，将家庭教育指导工作纳入教职工业务培训内容。

二是将家庭教育指导服务作为教师业务培训的内容。为促进家庭教育的规范化，提高教师开展家庭教育的能力和水平，2015年《教育部关于加强家庭教育工作的指导意见》提出，将家庭教育工作纳入教育行政干部和中小学校长培训内容，将学校安排的家庭教育指导服务计入工作量。我国有关教师培训的相关政策文件中，也都明确了将家庭教育指导纳入教师培训的要求。例如，教育部办公厅、财政部办公厅发布的《关于做好2020年中小学幼儿园教师国家级培训计划组织实施工作的通知》指出，将家校合作纳入教师培训内容，推进生命教育、感恩教育、责任教育融入家庭教育。该文件就完善教师培训的内容方式提出要求，其中一个重点就是要围绕家庭教育指导能力完善教师培训课程设置。在教育部、财政部发布的《关于实施中小学幼儿园教师国家级培训计划

（2021—2025 年）的通知》中把提升教师的家庭教育指导能力作为一项重要工作，提出要落实教师培训课程指导标准，科学设计培训课程，综合提升学科育德、教学实施、学生评价和家庭教育指导能力。

二、中小学校、幼儿园提供家庭教育指导支持

根据《教育部关于加强家庭教育工作的指导意见》，中小学幼儿园要建立健全家庭教育工作机制，统筹家长委员会、家长学校、家长会、家访、家长开放日、家长接待日等各种家校沟通渠道，逐步建成以分管德育工作的校长、幼儿园园长、中小学德育主任、年级长、班主任、德育课老师为主体，专家学者和优秀家长共同参与，专兼职相结合的家庭教育骨干力量。

《家庭教育促进法》就中小学校和幼儿园家庭教育工作的具体职责、学校对家庭教育的服务支持等作出规定。这就需要把握以下几个重要问题。

一是中小学校、幼儿园提供家庭教育指导的主要途径有哪些？

根据《家庭教育促进法》第 40～42 条的规定，中小学校、幼儿园可以采取建立家长学校等方式，针对不同年龄段未成年人的特点，定期组织公益性家庭教育指导服务和实践活动，并及时联系、督促未成年人的父母或者其他监护人参加；中小学校、幼儿园应当根据家长的需求，邀请有关人员传授家庭教育理念、知识和方法，组织开展家庭教育指导服务和实践活动，促进家庭与学校共同教育；具备条件的中小学校、幼儿园应当在教育行政部门的指导下，为家庭教育指导服务站点开展公益性家庭教育指导服务活动提供支持。

按照法律规定，并结合家庭教育工作实践，中小学校、幼儿园向家庭提供家庭教育指导主要有如下方式。

（1）建立家长学校

《家庭教育促进法》第40条规定："中小学校、幼儿园可以采取建立家长学校等方式，针对不同年龄段未成年人的特点，定期组织公益性家庭教育指导服务和实践活动，并及时联系、督促未成年人的父母或者其他监护人参加。"

家长学校是指导推进家庭教育的主要阵地。家长学校作为学校和家庭沟通的桥梁，能够有效促进家庭和学校的联动，实现家庭教育和学校教育的配合互补，特别是在提高家长家庭教育意识和能力，发挥家庭的立德树人主体责任方面发挥着重要作用。多年来，我国各地在家长学校建设方面积累了丰富经验。例如，2007年，上海大学就结合生源主要来自上海市的特点，探索完善家校合作育人体系并开办家长学校。

2011年，全国妇联、教育部、中央文明办就进一步加强家长学校工作提出意见，明确家长学校的主要任务有以下方面：一是面向广大家长宣传党的教育方针、相关法律法规和政策，宣传科学的家庭教育理念、知识和方法，引导家长树立正确的儿童观和育人观。二是组织开展形式多样的家庭教育实践活动，增进亲子之间的沟通和交流，使家长和儿童在活动中共同成长进步。三是通过多种形式为家长儿童提供指导和服务，帮助解决家庭教育中的难点问题，提升家长教育培养子女的能力和水平。四是增进家庭与学校的有效沟通，努力构筑学校、家庭、社区"三结合"的未成年人教育网络，为儿童健康成长营造良好环境。

《国务院关于印发中国妇女发展纲要和中国儿童发展纲要的通知》指出，加强中小学、幼儿园、社区家长学校、家长委员会建设，普及家庭教育知识，推广家庭教育经验。全国妇联、教育部等部门印发的《关于指导推进家庭教育的五年规划（2021—2025年）》明确要求，要推动中小学、幼儿园普遍建立家长学校，每学期至少组织 2 次家庭教育指导服务活动。共同办好家长学校。各地教育部门和中小学幼儿园要配合妇联、关工委等相关组织，在队伍、场所、教学计划、活动开展等方面给予协助，共同办好家长学校。中小学幼儿园要把家长学校纳入学校工作的总体部署，帮助和支持家长学校组织专家团队，聘请专业人士和志愿者，设计较为具体的家庭教育纲目和课程，开发家庭教育教材和活动指导手册。

教育部等部门《关于健全学校家庭社会协同育人机制的意见》指出，鼓励有条件的学校建立网上家长学校，积极开发提供家庭教育指导资源，并指导家长提升网络素养，帮助孩子养成良好用网习惯。

（2）发挥家长委员会作用

家长委员会是学校组织家长，按照一定的民主程序，以公正、公平、公开为原则，在自愿的基础上，选举出能代表全体家长意愿的在校学生家长而组成的组织。建立家长委员会是建设现代学校制度的必然要求。家长委员会对于发挥家长作用、促进家校合作、优化育人环境等有着十分重要的意义。根据相关规定，有条件的公办和民办中小学和幼儿园都应建立家长委员会。家长委员会要在学校的指导下履行参与学校管理、参与教育工作、沟通学校与家庭等工作职责。针对学校教育和家庭教育的突出问题，家长委员会要重点做好德育、保障学生安全健康、推动减轻中小学生课业负担、化解家校矛盾等工作。

长期以来，家长委员会作为学校和家庭之间重要的桥梁和纽带，在营造良好家校关系方面发挥着重要作用。一方面，家长委员会要把学校准备采取和正在实施的教育教学改革措施，向家长作出入情入理的解释和说明，以争取家长的理解和支持。另一方面，家长委员会及时向学校反映家长对学校工作的疑问，帮助学校了解情况改进工作，促进矛盾的化解，力求将问题解决在萌芽状态。

根据《小学管理规程》第55条的规定，小学可成立家长委员会，使其了解学校工作，帮助学校解决办学中遇到的困难，集中反映学生家长的意见、建议。家长委员会在校长指导下工作。

根据《幼儿园工作规程》第54条的规定，幼儿园应当成立家长委员会。家长委员会的主要任务是：对幼儿园重要决策和事关幼儿切身利益的事项提出意见和建议；发挥家长的专业和资源优势，支持幼儿园保育教育工作；帮助家长了解幼儿园工作计划和要求，协助幼儿园开展家庭教育指导和交流。家长委员会在幼儿园园长指导下工作。

在实践中，在充分发挥家长委员会的桥梁和纽带作用的同时，还应加强对家长委员会的工作指导，完善相关工作制度。值得注意的是，要严格家长通讯群组信息发布管理，严禁以家长委员会名义违规收费。

（3）加强与家长的沟通

幼儿园、中小学校加强与家长的沟通，不仅是学校的工作职责之一，而且是指导家庭教育工作的重要途径。

根据《小学管理规程》第22条第1款的规定，小学每个教学班的班主任教师要同学生家长密切联系，了解掌握学生思想、品德、行为、学业等方面的情况，协调配合对学生实施教育。第55条第1款规定，小学应主动与学生家庭建立联系，运用家长学校等形式指导、帮助学生家长创设良好的家庭教育环境。

《幼儿园工作规程》第52条的规定，幼儿园应当主动与幼儿家庭沟通合作，为家长提供科学育儿宣传指导，帮助家长创设良好的家庭教育环境，共同担负教育幼儿的任务。第53条规定，幼儿园应当建立幼儿园与家长联系的制度。幼儿园可采取多种形式，指导家长正确了解幼儿园保育和教育的内容、方法，定期召开家长会议，并接待家长的来访和咨询。幼儿园应当认真分析、吸收家长对幼儿园教育与管理工作的意见与建议。幼儿园应当建立家长开放日制度。

此外，特殊教育学校也要注重学校教育、家庭教育和社会教育的紧密结合。《特殊教育学校暂行规程》第22条规定，特殊教育学校要把德育工作放在重要位置，要结合学校和学生的实际实施德育工作，注重实效。学校的德育工作由校长负责，教职工参与，做到组织落实、制度落实、内容落实、基地落实、时间落实；要与家庭教育、社会教育密切结合。

二是中小学校、幼儿园应如何开展家庭教育指导服务和实践活动？

（1）组织开展家庭教育指导服务和实践活动

《家庭教育促进法》第41条规定："中小学校、幼儿园应当根据家长的需求，邀请有关人员传授家庭教育理念、知识和方法，组织开展家庭教育指导服务和实践活动，促进家庭与学校共同教育。"

在实践中，幼儿园、中小学等学校的家长委员会可以通过学校邀请有关专家、学校校长和相关教师、优秀父母组成家庭教育讲师团传播科学的家庭教育理念、知识和方法，组织开展家庭教育指导服务和实践活动。例如，江苏省教育厅出台的《关于加强与改进中小学幼儿园家庭教育指导工作的意见》明确指出，学校的家庭教育指导是指中小学、幼儿园为提高家长的家庭教育素养而提供的专业性支持服务和引导，是各级教育行政部门和中小学、幼儿园的工作职责。中小学家长学校每学期组织一次至两次家庭教育指导和实践活动，幼儿园家长学校每学期至少组织两次家庭教育指导和两次亲子实践活动，学校要通过实地家访、沙龙访谈、视频群聊等方式，探索适应新时期家长工作和生活方式的家访形式，提供家庭教育指导服务不得收取任何费用。又如，山东省青岛市多渠道畅通家校沟通，在全市中小学幼儿园创新开展家长、校长、局长"三长"见面活动，截至 2022 年 4 月，先后有 1 万余人次局长、校长、机关和学校干部，13 万余名家长参与其中，累计收集意见建议近 4 万条。[①]

根据《关于健全学校家庭社会协同育人机制的意见》，学校每学期至少组织 2 次家庭教育指导活动，积极宣传科学教育理念、重大教育政策和家庭教育知识，介绍学校教育教学情况，回应家长普遍关心的问题；同时针对不同家庭的个性化需要提供具体指导，特别关注农村留守儿童、残疾儿童、孤儿和特殊家庭儿童等困境儿童。

（2）支持家庭教育指导服务站点开展公益性家庭教育指导服务活动

《家庭教育促进法》第 42 条规定："具备条件的中小学校、幼儿园应当在教育行政部门的指导下，为家庭教育指导服务站点开展公益性家庭教育指导服务活动提供支持。"在实践中，诸多城市积极探索中小学家庭教育指导社区共建机制，通过在社区建立家长学校或家庭教育指导服务站点的方式来开展公益性家庭教育活动，为广大家长提供家门口的家庭教育指导服务。同时，这些社区家庭教育指导服务站点还发挥着普法宣传、心理辅导、亲子实践等功能，已成为推进家庭教育工作的重要载体。截至 2020 年，全国共有家长学校和家庭教育指导服务站点 40.6 万个，培训 5623.6 万人次。[②]

2020 年，《山东省教育厅等 11 部门关于深化基础教育改革全面提高中小学教育质量的意见》指出，要推动每个城镇社区和具备条件的农村社区，建设一所家长学校或家庭教育指导服务站点，为家长提供

---

① 《青岛市加强家庭教育指导服务 促进未成年人健康成长》，载教育部网站，http：//www. moe. gov. cn/jyb_ xwfb/ s6192/s222/moe_ 1769/202204/t20220425_ 621417. html，2022 年 11 月 26 日访问。

② 《让少年儿童成长得更好——党的十八大以来我国儿童发展和儿童事业成就综述》，载《人民日报》2022 年 6 月 1 日第 3 版。

公益性家庭教育指导服务。近年来，多地积极开展公益性家庭教育指导服务，有的通过建立区域内中小学网上家长学校，定期举办公益性家庭教育指导网络课程；有的通过引入外地优质教育机构，联合成立家庭教育指导中心，积极开展公益性家庭教育咨询服务活动；有的选取部分社区作为示范站点，为社区家庭提供精准化、多类型、菜单式公益性家庭教育指导服务等。通过举办家庭教育讲座、开展亲子实践活动、组织暑期"亲子悦读"、分享家风家教故事、编排家庭文艺节目、提供家教咨询服务等形式，每周开展一次活动，至 12 月底开展活动不少于 24 场。

三是中小学校应如何对家庭教育进行干预？

《家庭教育促进法》第 43 条就学校对家庭教育进行干预作出规定："中小学校发现未成年学生严重违反校规校纪的，应当及时制止、管教，告知其父母或者其他监护人，并为其父母或者其他监护人提供有针对性的家庭教育指导服务；发现未成年学生有不良行为或者严重不良行为的，按照有关法律规定处理。"需要重点把握以下两个方面的内容。

一方面，学校发现未成年学生严重违反校规校纪时的处理。根据《中小学德育工作指南》《中小学教育惩戒规则（试行）》等相关规定，中小学校应当严肃校规校纪，如果发现未成年学生严重违反校规校纪，应当及时制止、管教，告知其家长。中小学校实施的教育惩戒措施主要有：由学校德育工作负责人予以训导，要求未成年学生承担校内公益服务任务，安排未成年学生接受专门的校规校纪、行为规则教育，暂停或者限制学生参加游览、校外集体活动及其他外出集体活动等。学校还要与这些未成年学生的父母或者其他监护人加强沟通，帮助其充分了解未成年学生在校状况，并找到发生不良行为的原因，提供有针对性的家庭教育指导服务。

另一方面，学校发现未成年学生有不良行为或者严重不良行为时，要按照《预防未成年人犯罪法》《未成年人保护法》等相关法律进行处理。

《预防未成年人犯罪法》分别设专章对未成年学生不良行为和严重不良行为的处理进行了规定。根据《预防未成年人犯罪法》的规定，不良行为，是指未成年人实施的不利于其健康成长的下列行为：吸烟、饮酒；多次旷课、逃学；无故夜不归宿、离家出走；沉迷网络；与社会上具有不良习性的人交往，组织或者参加实施不良行为的团伙；进入法律法规规定未成年人不宜进入的场所；参与赌博、变相赌博，或者参加封建迷信、邪教等活动；阅览、观看或者收听宣扬淫秽、色情、暴力、恐怖、极端等内容的读物、音像制品或者网络信息等；其他不利于未成年人身心健康成长的不良行为。根据《预防未成年人犯罪法》第31~32条的规定，学校对有不良行为的未成年学生，应当加强管理教育，不得歧视；对拒不改正或者情节严重的，学校可以根据情况予以处分或者采取管理教育措施。这些管理教育措施包括：予以训导、要求遵守特定的行为规范、参加特定的专题教育、参加校内服务活动、接受社会工作者或者其他专业人员的心理辅导和行为干预等。学校决定对未成年学生采取管理教育措施的，应当及时告知其父母或者其他监护人。

根据《预防未成年人犯罪法》，有如下情形需要学校根据具体情况处理：一是未成年学生偷窃少量财物，或者有殴打、辱骂、恐吓、强行索要财物等学生欺凌行为，但情节轻微的情形，可以由学校依照《预防未成年人犯罪法》第31条的规定采取相应的管理教育措施。二是未成年学生存在旷课、逃学的情形，学校应当及时联系其父母或者其他监护人，了解有关情况；对于无正当理由旷课或逃学的未成年学生，学校应当督促其返校学习。三是无故夜不归宿、离家出走的未成年学生，其所在的寄宿制学校应当及时查找，必要时向公安机关报告。四是学校发现未成年学生组织或者参加实施不良行为的团伙，应当及时制止；发现该团伙有违法犯罪嫌疑的，应当立即向公安机关报告。

学校发现有人教唆、胁迫、引诱未成年学生实施严重不良行为的，应当立即向公安机关报告。对有严重不良行为的未成年学生，未成年学生所在学校无力管教或者管教无效的，可以向教育行政部门提出申请，经专门教育指导委员会评估同意后，由教育行政部门决定送入专门学校接受专门教育。

三、典型案例

家长委员会的行为是参与学校教育教学活动和管理工作的一种方式

【案情简介】

2018 年 5 月 11 日，L 小学四年级全体学生及家长和部分教师停课，参加由 X 公司承办的"孝爱感恩·快乐 10 岁"幼学礼庆典活动。X 公司指派了教练等工作人员在现场组织开展本次活动。在进行拔河比赛项目时，X 公司的工作人员向现场参与人员宣布了参赛人员人数等比赛规则和流程，并使用 X 公司所提供的一根长绳作为拔河绳进行比赛。在拔河比赛项目决赛时，拔河绳突然从中间的指示标记处断裂，导致作为参赛人员之一的王某（就读于四年级三班的学生小吴的家长）摔倒受伤。

王某受伤当日即被送往医院就医，先后经西医、中医检查诊断，王某为左距骨粉碎性骨折、左距下关节脱位、左踝关节软组织损伤。王某经住院治疗 35 天后出院。王某向法院提起诉讼。

在一审法院审理中，根据王某的申请，法院委托双方共同选择的 Z

司法鉴定所对原告的伤残等级、后续治疗费、护理期限及护理依赖程度进行司法鉴定。Z司法鉴定所作出司法鉴定意见书，鉴定王某左踝关节软组织损伤属十级伤残。

在庭审中，双方对于本次事故发生的原因及责任主体存在较大争议。关于本次事故发生的原因，王某主张系X公司提供的拔河绳存在质量问题，加之现场无人有效维持秩序，没有制止其他非参赛人员参与到拔河比赛中，认为X公司和L小学存在过错，均应承担相应的赔偿责任。X公司认为，本次事故发生的原因并非拔河绳的质量问题，现场亦有X公司的数名工作人员在现场指导和维持秩序，前面几项活动均是有序进行；本次事故发生是因为其他非参赛人员过于热情，违反比赛规则一拥而上，突然加入拔河比赛项目决赛中，导致拔河绳超过负荷而断裂，整个过程时间短暂，现场工作人员没有时间去制止，突然加入决赛的非参赛人员应当承担赔偿责任。L小学则认为，本次事故发生的原因系X公司的工作人员在听到"一起上"的喊声后仍未能预见到比赛参赛人数增加可能导致的安全风险，未采取任何措施制止而放任其他非参赛人员参与比赛，未尽到安全保障义务，加之拔河绳质量问题（太细），X公司应承担相应的赔偿责任。

关于本次活动的承办方，双方均认可活动承办方为X公司，且根据X公司营业执照中载明的经营范围，认可该被告具备组织本次幼学礼庆典活动的资质。

关于本次活动的主办方，双方争议较大。庭审时，王某主张活动主办方为L小学，并举示相关证据。其中，王某所举示的《活动方案》载明，活动主办单位为L小学，承办单位为X公司，活动参与对象为L小学四年级全体学生及部分教师和家长，时间为2018年5月11日全天，活动内容包括校领导致辞，教师代表、家长代表赠言，以及其他互动活动等。L小学对该《活动方案》、聊天记录和转账记录真实性予以认可，但认为《活动方案》中记载的主办单位为L小学不属实，主办方应当是L小学四年级家长委员会，并提出冉老师在收到班级活动费后转交给了L小学四年级家长委员会的主任罗某（小罗的家长），再由罗某与X公司的工作人员联系活动事宜并预付了1000元的活动费。X公司认可该《活动方案》的内容，称与X公司工作人员联系活动事宜和支付活动费的是L小学四年级家长委员会的成员罗某，认为主办方应当是L小学四年级家长委员会。

一审法院认为，《中华人民共和国侵权责任法》① 第37条规定，宾馆、商场、银行、车站、娱乐场所等公共场所的管理人或者群众性活动的组织者，未尽到安全保障义务，造成他人损害的，应当承担侵权责任。同时，当事人对自己提出的诉讼请求所依据的事实或者反驳对方诉讼请求所依据的事实，应当提供证据加以证明，但法律另有规定的除外；在作出判决前，当事人未能提供证据或者证据不足以证明其事实主张的，由负有举证证明责任的当事人承担不利的后果。双方对本次活动的承办方为X公司均无异议，法院予以确认。关于本次活动的主办方，根据庭审查明的事实以及双方当事人的陈述，本次活动与X公司进行主要接洽和协调的是L小学四年级家长委员会成员罗某，X公司和L小学据此辩称本次活动的主办方为L小学四年级家长委员会。结合本案，本次活动的主题是"孝爱感恩·快乐10岁"幼学礼庆典；活动参与人员系L小学四年级全体学生及部分教师及家长；活动时间为星期五正常行课时间停课开展；活动内容包括学校领导致辞、教师代表赠言等环节；从活动的组织过程来看，L小学四年级三班的班主任在班级QQ群中发布了"学校活动，四年级成长礼""全年级停课开展"

---

① 本书案例所引用的法律法规均为案件裁判当时有效，下文不再备注。

"希望今天尽快把费用交齐，家委会这边要和文化策划公司签约交订金""下午的亲子活动，不光是有娱乐性质，更有教育性质，是当作课程来做"以及《十岁礼活动方案》电子文档、告家长书等活动内容，参与了本次活动的收费、筹备工作。综上所述，本次活动应当认定为 L 小学开展的校外教育教学活动，尽管家长委员会的成员在本次活动中积极参与、协调，其行为是参与学校教育教学活动和管理工作的一种方式，亦是教育部门积极推动和支持的家长委员会制度，故本次活动的主办方为 L 小学。

关于本次事故的责任主体。根据庭审查明的事实以及双方当事人的陈述，双方对 X 公司具备承办本次活动的资质均无异议，本院予以确认。L 小学作为本次活动的主办方，将本次活动交由具有相应资质的 X 公司承办，活动场所、活动用具均由具有相应资质的 X 公司提供，且 L 小学指派了学校领导及教师参加，故 L 小学对于参与本次活动的成年人家长已尽到了安全保障义务，其不应承担赔偿责任。X 公司作为本次活动的承办方，对参与本次活动的人员负有安全保障义务，包括应配备适当的人员为参与本次活动的人员提供预防侵害的保障，和对其所控制场所的配套设施设备等的安全性负有保障义务。而本次事故的发生系因拔河比赛项目决赛时，X 公司提供的拔河绳突然从中间的指示标记处断裂所导致；X 公司辩称系因非参赛人员突然一拥而上加入比赛中致使拔河绳超过负荷而断裂，但并未举示证据证明非参赛人员参与其中与拔河绳发生断裂之间的因果关系，故对其辩解理由本院不予采纳；且即便存在上述因素，X 公司未维持比赛现场秩序、未防范危险，其应当承担违反安全保障义务的责任。

X 公司对一审判决不服，向法院提起上诉。

在二审中，X 公司再次申请追加 L 小学四年级一班和四年级三班的学生家长作为本案被告参加诉讼。法院经审查认为，本案不符合追加条件，故对 X 公司的申请不予准许。二审法院认为，本案的争议焦点是本次事故的责任主体和相关赔偿费用是否合理。经审理，二审法院认为，X 公司的上诉请求不能成立，应予驳回；一审判决认定事实清楚，适用法律正确，应予维持。依照《中华人民共和国民事诉讼法》第 170 条第 1 款第 1 项规定，判决驳回上诉，维持原判。①

【以案说法】

该案件的争议焦点之一就在于 L 小学的家长委员会是否为本案的责任主体。这主要涉及家长委员会的法律地位问题。根据《教育部关于建立中小学幼儿园家长委员会的指导意见》，家长委员会的职责为参与学校管理（对学校工作计划和重要决策提出意见和建议；对学校教育教学和管理工作予以支持，积极配合；对学校开展的教育教学活动进行监督，帮助学校改进工作），参与教育工作（为学校教育教学活动提供支持，为学生开展校外活动提供教育资源和志愿服务，交流宣传正确的教育理念和科学的教育方法），沟通学校与家庭。

虽然家长委员会的成员在学校活动中积极参与、协调，但其行为是参与学校教育教学活动和管理工作的一种方式，从根本上说，本次活动属于 L 小学开展的校外教育教学活动，主办方为 L 小学，而非家长委员会。

【相关规定指引】

《教育部关于建立中小学幼儿园家长委员会的指导意见》

四、发挥好家长委员会支持学校工作的积极作用

家长委员会要针对学校教育和家庭教育的突出问题，重点做好德育、保障学生安全健康、推动减轻中小学生课业负担、化解家校矛盾等工作。

---

① 参见（2020）渝 01 民法 4697 号民事判决书，载中国裁判文书网。

与学校共同做好德育工作。要及时与学校沟通学生思想状况和班集体情况，经常向家长了解学生在家庭的表现和对学校、教师的看法，与学校和教师一起肯定和表扬学生的进步，解决和化解学生遇到的困难和烦恼，做好思想工作。经常通过家长了解学生所在班级的情况，及时发现班集体风气和同学之间关系存在的问题，推动形成积极向上、温暖和谐、互助友爱的班集体。

协助学校开展安全和健康教育。引导家长履行监护人责任，配合学校提高学生安全意识和自护能力，支持学校开展体育运动和社会实践活动。对学校的安全工作进行监督，与学校共同做好保障学生安全工作，避免发生伤害事故。

支持和推动减轻学生课业负担。防止和纠正幼儿园教育"小学化"。引导家长积极支持教育部门和学校采取的减轻中小学生课业负担的各项措施，监督学校的课业负担情况，及时向学校提出意见和改进的建议，与学校共同推进素质教育。

营造良好的家校关系。把学校准备采取和正在实施的教育教学改革措施，向家长做出入情入理的解释和说明，争取家长的理解和支持。及时向学校反映家长对学校工作的疑问，帮助学校了解情况改进工作。多做化解矛盾的工作，把可能出现的问题，解决在萌芽状态。

《中小学教育惩戒规则（试行）》

第五条　学校应当结合本校学生特点，依法制定、完善校规校纪，明确学生行为规范，健全实施教育惩戒的具体情形和规则。

学校制定校规校纪，应当广泛征求教职工、学生和学生父母或者其他监护人（以下称家长）的意见；有条件的，可以组织有学生、家长及有关方面代表参加的听证。校规校纪应当提交家长委员会、教职工代表大会讨论，经校长办公会议审议通过后施行，并报主管教育部门备案。

教师可以组织学生、家长以民主讨论形式共同制定班规或者班级公约，报学校备案后施行。

《学校食品安全与营养健康管理规定》

第二十一条　学校在食品采购、食堂管理、供餐单位选择等涉及学校集中用餐的重大事项上，应当以适当方式听取家长委员会或者学生代表大会、教职工代表大会意见，保障师生家长的知情权、参与权、选择权、监督权。

学校应当畅通食品安全投诉渠道，听取师生家长对食堂、外购食品以及其他有关食品安全的意见、建议。

《小学管理规程》

第五十五条　小学应主动与学生家庭建立联系，运用家长学校等形式指导、帮助学生家长创设良好的家庭教育环境。

小学可成立家长委员会，使其了解学校工作，帮助学校解决办学中遇到的困难，集中反映学生家长的意见、建议。

家长委员会在校长指导下工作。

《幼儿园工作规程》

第五十四条　幼儿园应当成立家长委员会。

家长委员会的主要任务是：对幼儿园重要决策和事关幼儿切身利益的事项提出意见和建议；发挥家长的专业和资源优势，支持幼儿园保育教育工作；帮助家长了解幼儿园工作计划和要求，协助幼儿园开展家庭教育指导和交流。

家长委员会在幼儿园园长指导下工作。

▶ 第六讲
"双减"背景下的家校社协同

办好教育事业是家庭、学校、社会的共同责任。只有家庭教育、学校教育、社会教育三者紧密结合、协调一致，形成有效衔接、相互配合的家校社协同共育机制，才能发挥教育的最大效能。为呼应"双减"的要求，《家庭教育促进法》在对未成年人的父母或者其他监护人负责实施家庭教育进行规定的同时，也对国家和社会为家庭教育提供指导、支持和服务加以明确。

一、呼应"双减"工作的要求

2019年，一部《小欢喜》通过三个高考家庭的故事，将一些家庭在教育子女、处理家庭关系等方面的现实问题展现得淋漓尽致。"望子成龙、望女成凤"饱含着父母对子女成才的无限期许和强烈愿望，这一心理自古有之。现实中，有些家长对孩子有着过高的期望，有些家长总是担心孩子掉队、输在起跑线上，或者对校外培训"欲罢不能"，或者除学校作业额外给孩子布置作业，从而对未成年子女施加过重的学业负担。

2021年5月，中央全面深化改革委员会第十九次会议指出了当前义务教育阶段中小学生课业负担太重的症结所在。之所以出现校外培训机构无序发展，"校内减负、校外增负"的突出现象，是因为没有从根本上解决短视化、功利化的问题。会议进而指出，减轻学生负担，根本之策在于全面提高学校教学质量，做到应教尽教，强化学校教育的主阵地作用。要深化教育教学改革，提升课堂教学质量，优化教学方式，全面压减作业总量，降低考试压力。要鼓励支持学校开展各种课后育人活动，满足学生的多样化需求。同时，会议提出要依法规范教学培训秩序的要求，强调要全面规范管理校外培训机构，坚持从严治理，对存在不符合资质、管理混乱、借机敛财、虚假宣传、与学校勾连牟利等问题的机构，要严肃查处；要明确培训机构收费标准，加强预收费监管，严禁随意资本化运作，不能让良心的行业变成逐利的产业。2021年7月，中共中央办公厅、国务院办公厅印发的《关于进一步减轻义务教育阶段学生作业负担和校外培训负担的意见》（以下简称《意见》）明确了切实提升学校育人水平，持续规范校外线上和线下培训，有效减轻义务教育阶段学生过重作业负担和校外培训负担的要求。

早在2021年上半年，教育部就先后印发了相关通知，对中小学生手机、睡眠、读物、作业、体质管理作出规定。在上述《意见》出台后，据一份关于"双减"政策落实问题的问卷调查结果，38%的受访中小学生就寝时间晚于规定要求，67%的受访中小学生睡眠时间不达标。22%的小学一年级、二年级学生反映有书面家庭作业，17%的中小学生书面作业总量超标。部分学校仍有教师用手机布置作业情况。部分教师未履行作业全批全改职责，教师部分批改、学生互批互改、学生自批自改、家长批改作业情况仍存在。[1] 这些都反映出"双减"工作落实依然存在政府部署落实不到位、学校细化落实不到位、家校协同依然不到位等三个方面的问题。

为呼应减轻义务教育阶段学生作业负担和校外培训负担的"双减"要求,《家庭教育促进法》第22条、第26条分别就未成年人的父母或者其他监护人应合力安排未成年人学习、休息及活动时间,减轻学生课业负担、促进家庭教育和学校教育融合作出规定,从而在法律层面对落实"双减"提供了支持和保障。

（一）合理安排未成年人学习、休息、活动等时间

曾几何时,"鸡娃"成为一个网络流行词。很多父母为了孩子能读好书、考出好成绩,不断给孩子"打鸡血"安排学习和活动,不停地让孩子去拼搏。由此,也产生了诸多"虎妈""虎爸"。有些父母把教育未成年人的责任全部推给学校,对孩子沉迷网络、荒废学业的行为疏于管教,没有承担起家长应尽的教育义务。这些都属于没有合理安排未成年人学习、活动时间的做法。

《家庭教育促进法》第22条规定:"未成年人的父母或者其他监护人应当合理安排未成年人学习、休息、娱乐和体育锻炼的时间,避免加重未成年人学习负担,预防未成年人沉迷网络。"这就要求家长应树立正确的教育观念,从保护、促进少年儿童健康成长的角度出发,对未成年人的学习、休息、娱乐和体育锻炼等进行正确的引导,保障未成年人的休息时间,统筹安排未成年人的课余学习生活,不给未成年人加重学习负担。同时,家长要对未成年人加强网络素养宣传教育,培养和提高

---

[1] 《"双减"和"五项管理"督导情况》,载教育部网站,http://www.moe.gov.cn/fbh/live/2021/53659/sfcl/202108/t20210830_ 555599. html,2022年11月19日访问。

未成年人的网络素养，增强未成年人科学、文明、安全、合理使用网络的意识和能力，预防未成年人沉迷网络。对此，《未成年人保护法》就学校与家长相互配合，共同保障未成年学生的休息权作出规定，学校应当与未成年学生的父母或者其他监护人互相配合，合理安排未成年学生的学习时间，保障其休息、娱乐和体育锻炼的时间。此外，规定新闻出版、教育、卫生健康、文化和旅游、网信等部门要指导家庭、学校、社会组织互相配合，采取科学、合理的方式对未成年人沉迷网络进行预防和干预。

（二）家校协同促"双减"

《家庭教育促进法》第26条对家庭教育和学校教育协同作出明确规定："县级以上地方人民政府应当加强监督管理，减轻义务教育阶段学生作业负担和校外培训负担，畅通学校家庭沟通渠道，推进学校教育和家庭教育相互配合。"根据此条规定，县级以上地方人民政府要切实履行监督管理职责，促进家校协同育人，推动"双减"工作真正落地。结合《意见》的相关要求，应当重点把握以下几点。

1. 县级以上地方人民政府的监督管理职责

根据《意见》的规定，县级以上地方人民政府要做好以下方面：一是全面系统做好部署。加强党对"双减"工作的领导，各省（自治区、直辖市）党委和政府要把"双减"工作作为重大民生工程，列入重要议事日程，纳入省（自治区、直辖市）党委教育工作领导小组重点任务，结合本地实际细化完善措施，确保"双减"工作落实落地。学校党组织要认真做好教师思想工作，充分调动广大教师积极性、创造性。校外培训机构要加强自身党建工作，发挥党组织战斗堡垒作用。

二是明确部门工作责任。教育部门要抓好统筹协调，会同有关部门加强对校外培训机构日常监管，指导学校做好"双减"有关工作；宣传、网信部门要加强舆论宣传引导，网信部门要配合教育、工业和信息化部门做好线上校外培训监管工作；机构编制部门要及时为中小学校补齐补足教师编制；发展改革部门要会同财政、教育等部门制定学校课后服务性或代收费标准，会同教育等部门制定试点地区校外培训机构收费指导政策；财政部门要加强学校课后服务经费保障；人力资源社会保障部门要做好教师绩效工资核定有关工作；民政部门要做好学科类培训机构登记工作；市场监管部门要做好非学科类培训机构登记工作和校外培训机构收费、广告、反垄断等方面监管工作，加大执法检查力度，会同教育部门依法依规严肃查处违法违规培训行为；政法部门要做好相关维护和谐稳定工作；公安部门要依法加强治安管理，联动开展情报信息收集研判和预警预防，做好突发事件应急处置工作；人民银行、国家金融监督管理、证监部门负责指导银行等机构做好校外培训机构预收费风险管控工作，清理整顿培训机构融资、上市等行为；其他相关部门按照各自职责负起责任、抓好落实。

三是联合开展专项治理行动。建立"双减"工作专门协调机制，集中组织开展专项治理行动。在教育部设立协调机制专门工作机构，做好统筹协调，加强对各地工作指导。各省（自治区、直辖市）要完善工作机制，建立专门工作机构，按照"双减"工作目标任务，明确专项治理行动的路线图、时间表和责任人。突出工作重点、关键环节、薄弱地区、重点对象等，开展全面排查整治。对违法违规行为要依法依规严惩重罚，形成警示震慑。

四是强化督促检查和宣传引导。将落实"双减"工作情况及实际成效，作为督查督办、漠视群众利益专项整治和政府履行教育职责督导评价的重要内容。建立责任追究机制，对责任不落实、措施不到位的地方、部门、学校及相关责任人要依法依规严肃追究责任。各地要设立监管平台和专门举报电话，畅通群众监督举报途径。各省（自治区、直辖市）要及时总结"双减"工作中的好经验好做法，并做好宣传推广。新闻媒体要坚持正确舆论导向，营造良好社会氛围。

2. 学校明确主导责任

学校要强化教育主阵地作用，全面压减作业总量和时长，减轻学生过重作业负担。具体而言，学校要做好以下四个方面的工作。

一是健全作业管理机制。学校要完善作业管理办法，加强学科组、年级组作业统筹，合理调控作业结构，确保难度不超国家课标。建立作业校内公示制度，加强质量监督。严禁给家长布置或变相布置作业，严禁要求家长检查、批改作业。

二是分类明确作业总量。学校要确保小学一年级、二年级不布置家庭书面作业，可在校内适当安排巩固练习；小学三年级至六年级书面作业平均完成时间不超过60分钟，初中书面作业平均完成时间不超过90分钟。

三是提高作业设计质量。发挥作业诊断、巩固、学情分析等功能，将作业设计纳入教研体系，系统设计符合年龄特点和学习规律、体现素质教育导向的基础性作业。鼓励布置分层、弹性和个性化作业，坚决克服机械、无效作业，杜绝重复性、惩罚性作业。

四是加强作业完成指导。教师要指导小学生在校内基本完成书面作业，初中生在校内完成大部分书面作业。教师要认真批改作业，及时做好反馈，加强面批讲解，认真分析学情，做好答疑辅导。不得要求学生自批自改作业。

3. 学校和家长要引导未成年人科学利用课余时间

学校和家长要引导学生放学回家后完成剩余书面作业，进行必要的课业学习，从事力所能及的家务劳动，开展适宜的体育锻炼，开展阅读和文艺活动。个别学生经努力仍完不成书面作业的，也应按时就寝。引导学生合理使用电子产品，控制使用时长，保护视力健康，防止网络沉迷。家长要积极与孩子沟通，关注孩子心理情绪，帮助其养成良好的学习生活习惯。寄宿制学校要统筹安排好课余学习生活。

二、教育行政部门的职责

《家庭教育促进法》明确了教育行政部门在家庭教育工作中的重要责任。教育行政部门应履行法定职责，健全家校社协同育人机制，通过发挥部门优势推动各级各类学校为家庭教育指导提供服务和人才支持，推动学校、家庭、社会切实履行相应职责，有效形成育人合力，为落实"双减"发挥重要作用。

（一）发挥主要作用促进家校社协同育人

《家庭教育促进法》明确规定，教育行政部门、妇女联合会统筹协调社会资源，协同推进覆盖城乡的家庭教育指导服务体系建设，并按照职责分工承担家庭教育的日常事务。教育、民政、卫生健康、市场监督管理等有关部门应当在各自职责范围内，依法对家庭教育服务机构及从业人员进行指导和监督。具备条件的中小学校、幼儿园应当在教育行政部门的指导下，为家庭教育指导服务站点开展公益性家庭教育指导服务活动提供支持。教育行政部门应与妇联协同推进覆盖城乡的家庭教育指导服务体系建设。

根据部门优势和实践经验，教育行政部门应着力履行好指导、培养、督导等三个方面的职责。

一是指导和督促中小学校、幼儿园做好下列家庭教育工作：健全家庭教育工作制度，将家庭教育指导服务纳入工作计划和教师业务培训内容；采取建立家长学校等方式，根据不同年龄段的学生特点和家长需求定期组织家庭教育指导服务和实践活动；为家庭教育指导服务站点开展公益性家庭教育指导服务活动提供支持。

二是推动家庭教育服务专业人才培养。要将家庭教育指导纳入教师和教育管理人员培训计划；支持师范院校和有条件的高校加强家庭教育学科建设，鼓励和推动高校与相关部门协同成立家庭教育研究基地和人才培训基地，引导高校开设家庭教育专业课程，推动高校修订相关专业人才培养方案，提高家庭教育服务专业人才培养质量。

三是加强对家庭教育工作的督导评估。把家庭教育工作作为中小学幼儿园综合督导评估的重要内容，并针对实际问题组织开展专项督导。

(二) 对"双减"工作的指导和实施

根据《意见》，教育部门要抓好统筹协调，会同有关部门加强对校外培训机构日常监管，指导学校做好"双减"有关工作。自"双减"政策实施以来，教育部门会同有关部门先后出台了一系列规定，有力推动"双减"落地。例如，教育部办公厅、中国科协办公厅出台《关于利用科普资源助推"双减"工作的通知》指出，要发挥科协系统资源优势，有效支持学校开展课后服务，提高学生科学素质，促进学生全面健康发展。其中，就引进科普资源到校开展课后服务、组织学生到科普教育基地开展实践活动、联合加强学校科学类课程教师培训、发挥科协组织在规范校外培训中的作用等提出要求。根据《教育部、中央编办、司法部关于加强教育行政执法深入推进校外培训综合治理的意见》，要强化教育行政部门校外培训监管行政执法职责。共青团中央办公厅、教育部办公厅、全国少工委办公室联合印发《落实中央"双减"有关要求 推进少先队实践教育重点项目实施方案》，要求通过开展"向少先队校外实践教育营地（基地）报到"活动、实施"社区小主人"行动、建立"青少年宫下基层"机制、开展"青年之家·红领巾学堂"项目、打造"少先队公益性社会实践教育"项目、举办暑假寒假爱心托管班、开展"红领巾小社团"等少先队实践活动、活跃少先队课后组织生活等重点项目，充分发挥少先队的组织育人优势和实践育人作用，为"双减"工作提供支持。

根据2021年12月教育部数据，学科类校外培训机构大幅压减，目前线下校外培训机构已压减83.8%，线上校外培训机构已压减84.1%。[①]留下的培训机构一部分转为非营利性机构，实行政府指导价；不适合"营转非"的将被进一步注销。正如有专家指出，减轻学生负担，根本之策在于全面提高学校教学质量，做到应教尽教，强化学校教育的主阵地。只有学校教育最大限度满足学生的需求，让学生在校内学足学好，家长才能不给孩子报班参加校外培训。

三、发挥社会的作用

社会是教育的大环境。社会要向家庭和学校提供支撑，积极开发高质量的教育公共资源，为未成年人的健康成长和全面发展提供平台。"十四五"规划强调加强家社、家校协作，推动教师家访制度化、常态化；在中小学校、幼儿园和社区中建设家长学校、家长委员会，普及家庭教育知识，推广家庭教育经验；发挥中国共产主义青年团、中国少年先锋队、中华全国妇女联合会、科学技术协会、中国关心下一代工作委员会等组织的育人作用，形成学校、家庭、社会协同育人合力。

在"双减"背景下，广大新闻媒体要向广大家庭积极宣传科学的家

---

① 《教育部：线下线上校外培训机构压减率分别达83.8%和84.1%》，载央视新闻客户端，http://content-static.cctvnews.cctv.com/snow-book/index.html? t = 1640052571825&share_ to = wechat&track_ id = 8F12A89C-6D56-46BB-B7F2-44BDFD16FE37_ 661746015455&item_ id = 15918937870360366487，2022年11月26日访问。

庭教育理念和育人理念，营造良好的社会氛围。青少年宫、青少年活动中心、研学实践教育基（营）地、博物馆等各级各类校外活动场所，要向家庭提供普惠性、公益性教育公共资源，扩大教育资源供给，满足中小学生及学龄前儿童的需求。社区要建设学生活动中心，为学生在课后时间参与社会实践、社团活动、志愿服务提供活动场所等。

"双减"工作开展以来，我国各地借助各部门、协会的相关资源，聚合多方力量，持续拓宽育人舞台，积极构建协同育人的教育生态，形成了诸多典型经验做法。例如，上海市闵行区推进数据驱动下大规模因材施教的"1258工程"。闵行区打造1个垂直服务的教育云平台，依托智能教学和智能学伴2种应用助手开展个性化教学，面向学生、家长、教师、管理者和市民5类用户提供精准服务，聚焦课堂教学、适性学习、课程选择、校园活动、社团参与、社会实践、家校互动、学科实验8项业务场景丰富应用需求，全面深入推动信息技术与教育教学深度融合。① 天津市统筹高校资源共建课后服务实践共同体。天津市充分发挥高校人才资源和专业优势，依托大中小学思政一体化工作平台，建立中小学与高校常态化合作机制，共建课后服务实践共同体，在为大学生志愿服务和社会实践提供更多机会的同时，又为中小学生课后服务拓宽了更多渠道，实现了高校和中小学"双赢局面"。南京市建立健全校外教育资源进校园统筹管理机制，强化部门联动，由教育部门负责统筹协调，体育、文化和旅游、科技、团委、妇联等部门和组织分别制定相应领域非学科类教育资源进校园的设置标准和审批办法，加强审批管理，并将工作情况纳入市级"双减"联席会议机制年度考核。②

---

① 《教育部办公厅关于推广学校落实"双减"典型案例的通知》，载教育部网站，http://www.moe.gov.cn/srcsite/A06/s3321/202109/t20210926_567037.html，2023年7月13日访问。
② 《教育部基础教育司关于推广第二批学校落实"双减"典型案例的通知》，载教育部网站，http://www.moe.gov.cn/s78/A06/tongzhi/202111/t20211115_579950.html，2023年7月13日访问。

四、典型案例

（一）妥善解决校外培训机构退费问题，助力"双减"政策落地

【案情简介】

2021 年 7 月，"双减"政策出台后，S 省 M 县某学科类校外培训机构的秋季班停止开课，部分学生家长要求全额退款。而该培训机构在"双减"政策出台前，已为学生提供了 7 课时的暑期班。因此，该培训机构认为，秋季班不开课是落实"双减"政策的要求，前期宣传的"报秋季班课时送暑假班课时"，是在收秋季班课时费前提下的"买一赠一"。既然秋季班不开课，就没有所谓的"买"，那么暑期班的"赠"也就不存在，退费应扣除 7 课时暑期班费用。但学生家长认为，培训机构每次都是报秋季班免费送暑假班课程，今年已收取秋季班学费但无法正常开课，属于培训机构违反合同约定，不应收取暑期班费用。双方就退款额度引发争议，后学生家长诉至 M 县人民法院。

M 县人民法院认为该案情适合进行价格争议纠纷调解，在征得双方同意后，将案件委派给 M 县价格认定中心进行诉前调解。M 县价格认定中心依法受理后，组织双方线上"面对面"调解。最终，双方自愿达成调解协议：培训机构在退学生秋季学期培训费时，按实际缴纳金额的 60%扣除暑期班 7 课时的费用，并赠送每名学生一套"课堂习题"。对没有参与此次调解的其他家长退费也按照本次调解协议进行处理。①

【以案说法】

在"双减"政策出台后，因校外培训机构退费问题而引发的矛盾纠纷会在一定范围频发。这就需要在确保国家政策落实的同时，维护相关

---

① 《人民法院"总对总"在线多元调解案例》，载最高人民法院网站，https://www.court.gov.cn/zix-un-xiangqing-346811.html，2022 年 11 月 26 日访问。

主体的合法权益。落实"双减"工作，需要家校社的协同。在相关纠纷处理过程中，要做好"双减"政策宣传和解读工作，让家长、校外培训机构正确理解国家政策变化，对教育教学改革工作给予支持和配合，合力构建良好的教育生态。

（二）培训机构擅自停业应退还培训费

【案情简介】

自 2021 年 5 月起，C 市消费者权益保护委员会、C 市 Q 区消费者权益保护委员会陆续受理了 151 位消费者关于 Y 培训机构收取消费者培训费后突然停业且不退还剩余培训费的投诉。C 市、C 市 Q 区两级消保委支持消费者向人民法院提起集体诉讼，并协调律师为消费者提供诉讼代理服务。人民法院经审理，最终判决 Y 培训机构于判决生效之日起十日内退还消费者培训费用。[①]

【以案说法】

近年来，校外培训机构收取培训费后拒不履约，又不退还剩余培训费的情形时有发生，成为较为突出的侵权问题。按照《关于加强校外培训机构预收费监管工作的通知》要求，校外培训机构采取预收费方式经营，不得一次性收取或以充值、次卡等形式变相收取时间跨度超过 3 个月或 60 课时的费用。广大家长或者监护人在为未成年人报班时，应当注意鉴别培训机构资质、仔细查阅合同内容，注意留存相关证据，依法维护权益。

（三）"双减"政策背景下情势变更条款的适用

【案情简介】

肖某与刘某签订《房屋租赁合同》。双方约定，肖某租赁刘某房屋

---

① 《2020-2021 年度消协组织维护消费公平十大典型案例》，载中国消费者协会网站，https://www.cca.org.cn/zxsd/detail/30371.html，2022 年 11 月 26 日访问。

用于经营儿童机器人教育培训机构，租赁期限为 2018 年 3 月 15 日至 2028 年 3 月 15 日，月租 5500 元，提前解约方应赔偿另一方经济损失。协议生效时，肖某一次性支付 1.65 万元作为履约押金，并按约定支付租金至 2021 年 6 月 15 日。2021 年 5 月 5 日，肖某联系刘某称，因人手不够不再租赁其房屋，自愿多支付一个月房租并要求刘某退回押金。刘某认为肖某违约不同意退还押金，肖某以受"双减"政策影响，存在情势变更为由向法院起诉，要求解除与刘某签订的《房屋租赁合同》，并要求刘某返还其房屋租赁押金 1.65 万元。

人民法院经审理认为，肖某提出解除租赁合同时间为"双减"政策发布之前，其当时并非受"双减"政策影响无法继续经营，且肖某经营教育培训机构范围为非学科类培训，不会因为"双减"政策而必然关停，不符合适用情势变更条款的时间和结果要件，因此不予支持肖某以"双减"政策作为情势变更事由要求免除违约责任的主张。结合肖某违约提前解除合同给刘某造成的损失情况，法院最终判决刘某退还肖某房屋押金 8250 元。[①]

【以案说法】

中共中央办公厅、国务院办公厅于 2021 年印发《关于进一步减轻义务教育阶段学生作业负担和校外培训负担的意见》，大量教育培训机构面临经营范围调整，引发了租赁合同解除的法律问题。本案的承租人肖某以受"双减"政策影响为由起诉出租人刘某，要求解除租赁合同并适用情势变更条款免除其提前解除租赁合同的违约责任。值得注意的是，本案涉及的一个关键点就在于"双减"政策背景下情势变更条款的适用问题。

---

① 《江西高院发布 2021 年度全省法院贯彻实施民法典十大典型案例》，载江西政法网，http://www.jxzfw.gov.cn/2022/0110/2022011038248.html，2022 年 11 月 26 日访问。

根据《民法典》第 533 条第 1 款的规定："合同成立后，合同的基础条件发生了当事人在订立合同时无法预见的、不属于商业风险的重大变化，继续履行合同对于当事人一方明显不公平的，受不利影响的当事人可以与对方重新协商；在合理期限内协商不成的，当事人可以请求人民法院或者仲裁机构变更或者解除合同。"在本案的审理中，人民法院充分结合案件实际情况，认为肖某提出解除租赁合同时间发生于"双减"政策之前，且开展非学科类培训的教育培训机构不会因为"双减"政策必然关停。因此，本案不适用情势变更条款，肖某以"双减"政策致使情势变更为由提出解除租赁合同不能得到支持。

【相关规定指引】

《未成年人保护法》

第十六条　未成年人的父母或者其他监护人应当履行下列监护职责：

……

（六）保障未成年人休息、娱乐和体育锻炼的时间，引导未成年人进行有益身心健康的活动

……

第六十四条　国家、社会、学校和家庭应当加强未成年人网络素养宣传教育，培养和提高未成年人的网络素养，增强未成年人科学、文明、安全、合理使用网络的意识和能力，保障未成年人在网络空间的合法权益。

第六十八条　新闻出版、教育、卫生健康、文化和旅游、网信等部门应当定期开展预防未成年人沉迷网络的宣传教育，监督网络产品和服务提供者履行预防未成年人沉迷网络的义务，指导家庭、学校、社会组织互相配合，采取科学、合理的方式对未成年人沉迷网络进行预防和干预。

任何组织或者个人不得以侵害未成年人身心健康的方式对未成年人

沉迷网络进行干预。

第七十条 学校应当合理使用网络开展教学活动。未经学校允许，未成年学生不得将手机等智能终端产品带入课堂，带入学校的应当统一管理。

学校发现未成年学生沉迷网络的，应当及时告知其父母或者其他监护人，共同对未成年学生进行教育和引导，帮助其恢复正常的学习生活。

第七十一条 未成年人的父母或者其他监护人应当提高网络素养，规范自身使用网络的行为，加强对未成年人使用网络行为的引导和监督。

未成年人的父母或者其他监护人应当通过在智能终端产品上安装未成年人网络保护软件、选择适合未成年人的服务模式和管理功能等方式，避免未成年人接触危害或者可能影响其身心健康的网络信息，合理安排未成年人使用网络的时间，有效预防未成年人沉迷网络。

中共中央办公厅、国务院办公厅印发《关于进一步减轻义务教育阶段学生作业负担和校外培训负担的意见》

2. 工作原则。坚持学生为本、回应关切，遵循教育规律，着眼学生身心健康成长，保障学生休息权利，整体提升学校教育教学质量，积极回应社会关切与期盼，减轻家长负担；坚持依法治理、标本兼治，严格执行义务教育法、未成年人保护法等法律规定，加强源头治理、系统治理、综合治理；坚持政府主导、多方联动，强化政府统筹，落实部门职责，发挥学校主体作用，健全保障政策，明确家校社协同责任；坚持统筹推进、稳步实施，全面落实国家关于减轻学生过重学业负担有关规定，对重点难点问题先行试点，积极推广典型经验，确保"双减"工作平稳有序。

《教育部等十三部门关于规范面向中小学生的非学科类校外培训的意见》

16. 强化学校教育主阵地作用。各地各校要加快构建"双减"背景下德智体美劳全面培养的教育体系，坚持减轻负担与提质增效并重，整体提升学校育人水平，促进学生学习更好回归校园。加强音乐、体育、美术等紧缺学科教师配备补充，着力解决教师队伍学科结构性矛盾，开齐开足上好音体美课程。合理控制作业总量和时长，不断提高作业设计水平，增强作业的针对性、有效性。完善并落实课后服务经费保障机制，进一步挖掘校内潜力，统筹利用科普、文化、体育等各方面社会资源，积极聘请退休教师、具备资质的社会专业人员或志愿者等参与支持学校课后服务工作，丰富学校课后服务内容，满足学生多样化学习需求。加强教学规范管理，强化教研工作，深化教学改革创新，切实提升课堂教学质量。充分用好国家中小学智慧教育平台，完善资源建设机制，不断汇聚各类优质资源，服务教师教育教学和学生自主学习。巩固义务教育基本均衡成果，加快推进义务教育优质均衡发展，进一步缩小区域、城乡、校际、群体教育差距。

《国家新闻出版署关于进一步严格管理切实防止未成年人沉迷网络游戏的通知》

一、严格限制向未成年人提供网络游戏服务的时间。自本通知施行之日起，所有网络游戏企业仅可在周五、周六、周日和法定节假日每日20 时至 21 时向未成年人提供 1 小时网络游戏服务，其他时间均不得以任何形式向未成年人提供网络游戏服务。

《中国儿童发展纲要（2021-2030 年）》

10. 加强未成年人网络保护。落实政府、企业、学校、家庭、社会保护责任，为儿童提供安全、健康的网络环境，保障儿童在网络空间中的合法权益。加强网络监管和治理，完善和落实网络信息监测、识别、举报、处置制度，依法惩处利用网络散布价值导向不良信息、从事危害未成年人身心健康的行为。网络游戏、网络直播、网络音视频、网络社交等网络服务提供者，针对未成年人使用其服务依法设置相应的时间管理、权限管理、消费管理等功能，不得为未满十六周岁儿童提供网络直播发布者账号注册服务。加强网络语言文明教育，坚决遏阻庸俗暴戾网络语言传播。实施国家统一的未成年人网络游戏电子身份认证，完善游戏产品分类、内容审核、时长限制等措施。加强儿童个人信息和隐私保护。

《国家发展改革委、教育部、市场监管总局关于加强义务教育阶段学科类校外培训收费监管的通知》

二、科学制定收费标准。各地要坚持学科类校外培训公益属性，充分考虑其涉及重大民生的特点，以有效减轻学生家庭教育支出负担为目标，以平均培训成本为基础，统筹考虑当地经济发展水平、学生家庭承受能力等因素，合理制定基准收费标准和浮动幅度。要区分线上和线下以及不同班型，分类制定标准课程时长的基准收费标准。班型主要可分为 10 人以下、10~35 人、35 人以上三种类型。各地可根据实际情况，确定本地区具体的分类标准。标准课程时长，线上为 30 分钟，线下为 45 分钟，实际时长不一样的，按比例折算。要建立收费政策评估和动态调整机制，适时对收费标准进行调整完善。

《教育部、国家发展改革委、市场监管总局关于规范非学科类校外培训的公告》

为规范非学科类校外培训行为，有效防范培训质量不高、价格肆意上涨、存在安全隐患等问题，保护学生及家长合法权益，规范非学科类校外培训行业发展，现就有关事宜公告如下：

一、非学科类校外培训应全面贯彻党的教育方针，坚持立德树人，保持公益属性，遵循教育规律，促进中小学生健康成长、全面发展。

二、非学科类校外培训机构应当具备相应的资质条件，从业人员应当具备相应的职业（专业）能力证明。

三、非学科类校外培训机构应当努力提升培训质量，确保培训内容、培训方式与培训对象的年龄状况、身心特点、认知水平相适应。非学科类校外培训机构应当建立培训材料编写研发、审核、选用使用及人员资质审查等内部管理制度，明确责任部门、责任人、工作职责、标准、流程以及责任追究办法。

四、非学科类校外培训机构应严格落实国家以及行业规定的场地、设施、消防等安全风险防范要求。建立健全安全管理制度，定期开展安全自查，做好突发事件应急处置。

五、非学科类校外培训机构应当遵循公平、合法、诚实信用的原则，根据市场需求、培训成本等因素合理确定培训收费项目和标准。培训收费应当实行明码标价，培训内容、培训时长、收费项目、收费标准等信息应当向社会公开，接受公众监督。

六、非学科类校外培训机构应当全面使用《中小学生校外培训服务合同（示范文本）》，严格履行合同义务，规范自身收费行为。禁止以虚构原价、虚假折扣、虚假宣传等方式进行不正当竞争，预防和制止垄断行为，禁止任何形式的价格欺诈行为。

七、非学科类校外培训机构预收费须全部进入本机构收费专用账户。面向中小学生的培训不得使用培训贷方式缴纳培训费用。不得一次性收取或以充值、次卡等形式变相收取时间跨度超过3个月或60课时的费用。

八、行业组织应当发挥行业自律作用，引导培训机构合理定价，规范校外培训服务，不得以非学科类培训名义违规开展学科类培训，自觉维护市场秩序和行业形象。

九、对非学科类校外培训机构的违法违规行为，任何单位和个人均有权向教育、市场监管、发展改革等部门申诉、举报。非学科类校外培训机构对于消费者提出的合理诉求应当积极予以解决。

十、各地教育、发展改革、市场监管等部门及有关行业主管部门应当建立健全非学科类校外培训市场监测体系，及时掌握市场变化情况，加强监管，合理引导市场预期，依法严厉查处非学科类校外培训机构的违法违规行为，公开曝光情节严重的典型案例。

十一、本公告由教育部、国家发展改革委、市场监管总局依职责解释。

《教育部办公厅、中国科协办公厅关于利用科普资源助推"双减"工作的通知》

五、建立健全工作协同推进机制。各地教育部门和科协组织要明确具体责任部门和专门人员，建立工作专班，加强日常工作沟通，定期对接双方需求，加大对薄弱学校、农村学校的支持力度，形成协同推进的长效工作机制。对到校参与课后服务的校外科技辅导员，补助经费纳入课后服务经费保障机制。要将利用科普资源助推"双减"工作成效纳入教育部门、科协组织的年度绩效考核和"双减"工作督导检查，对作出突出成绩的有关单位和个人，给予表扬宣传。定期评选推介科普类课后服务典型案例和精品科普课程资源，积极推广典型经验，营造良好教育生态。

教育部等十三部门《关于健全学校家庭社会协同育人机制的意见》

2. 工作原则

——坚持育人为本。用新时代党的创新理论铸魂育人，广泛践行社会主义核心价值观，遵循学生成长规律和教育规律，深入落实"双减"政策，大力发展素质教育。

——坚持政府统筹。充分发挥政府统筹协调作用，加强系统谋划，推动部门联动，强化条件保障，促进资源共享和协同育人有效实施。

——坚持协同共育。明确学校家庭社会协同育人责任，完善工作机制，促进各展优势、密切配合、相互支持，切实增强育人合力，共同担负起学生成长成才的重要责任。

——坚持问题导向。强化专业指导，鼓励实践探索，着力解决制度建设、指导服务、条件保障等方面存在的突出问题，不断增强协同育人的科学性针对性实效性。

教育部等十八部门《关于加强新时代中小学科学教育工作的意见》

3. 主要目标

通过 3 至 5 年努力，在教育"双减"中做好科学教育加法的各项措施全面落地，中小学科学教育体系更加完善，社会各方资源有机整合，实践活动丰富多彩，科学教育教师规模持续扩大、素质和能力明显增强，大中小学及家校社协同育人机制明显健全，科学教育质量明显提高，中小学生科学素质明显提升，科学教育在促进学生健康成长、全面发展和推进社会主义现代化教育强国建设中发挥重大作用。

▶ **第七讲**
妇联组织的职责与特殊作用

妇联组织服务大局、服务妇女的一个重要着力点，就在于要做好家庭工作，发挥妇女在社会生活和家庭生活中的独特作用。这就要求，妇联组织不仅要关注家庭领域出现的新情况与新问题，认真做好研究与分析，还要为家庭教育提供指导服务，持续推进家庭教育工作。

一、妇联组织在家庭教育中的职责

1949 年成立的中华全国妇女联合会，作为一个以代表和维护妇女权益、促进男女平等和妇女全面发展为基本职能的群团组织，是党和政府联系妇女群众重要的桥梁和纽带，成为党开展妇女工作最为可靠有力的助手。

家庭是妇联组织的传统工作领域，也是优势领域。我国各级妇联组织具有指导和推进家庭教育的责任。长期以来，各级妇联组织为推进家庭教育的良好发展开展了大量工作，帮助和引导广大家长更新家庭教育理念，促进其掌握科学的家庭教育方法，并已经形成了诸多典型经验。

从 1996 年开始，中华全国妇女联合会就联合教育部等多个部门制定并组织实施关于指导推进家庭教育的五年规划，为家庭教育提供指导。目前，我国已经出台了第六个五年规划，即《关于指导推进家庭教育的五年规划（2021—2025 年）》，从而为推动"十四五"时期家庭教育高质量发展指明了方向。2019 年，全国妇联会同教育部、民政部等九部门发布了《全国家庭教育指导大纲》，进一步明确了家庭教育工作的指导原则、核心理念，以及针对不同年龄段儿童的家庭教育指导重点内容，为家庭教育指导者和家长实施家庭教育提供了权威的指导。

《家庭教育促进法》明确规定了妇联组织作为该法实施主要责任主体的地位及其在家庭教育促进工作中的法定责任。按照该法的相关规定，妇联组织在家庭教育工作中的重要职责主要体现在以下几个方面。

一是妇联组织按照职责分工承担家庭教育工作日常事务。

《家庭教育促进法》第 6 条第 2 款规定："教育行政部门、妇女联合会统筹协调社会资源，协同推进覆盖城乡的家庭教育指导服务体系建设，并按照职责分工承担家庭教育工作的日常事务。"这就从两个方面明确了妇联组织的职责，其一，妇联组织与教育行政部门要承担统筹协调社会资源，协同推进覆盖城乡的家庭教育指导服务体系建设。其二，妇联组织与教育行政部门要按照职责分工承担家庭教育工作的日常事务。根据妇联组织和教育行政部门在家庭教育中的分工协作机制，这些日常事务主要包括推动、组织下发学习、宣传贯彻《家庭教育促进法》的通知或指导意见；推动地方制定关于家庭教育的实施办法、相关条例和地方政策；推动、组织编写相关读物，开发家庭教育公共服务产品；

推动和利用各类宣传平台开展《家庭教育促进法》和家教知识的宣传教育；推动、组织开展家庭教育服务人员培训；开设公益性网上家长学校和网络课程，开通服务热线，提供线上家庭教育指导服务；通过家庭教育指导机构、社区家长学校、文明家庭建设等多种渠道组织开展家庭教育实践活动，提供家庭教育指导服务；指导管理家庭教育指导、服务机构；制定家庭教育服务规范；制定家庭教育指导服务工作规范和评估规范；指导家庭教育指导机构做好指导辖区内的社区家长学校、学校家长学校及其他家庭教育服务站点工作等。此外，妇联组织要根据《中华全国妇女联合会章程》，以及《民法典》《妇女权益保障法》《反家庭暴力法》《未成年人保护法》等相关法律法规，承担与家庭教育工作相关的职责。

二是妇联组织对留守未成年人和困境未成年人的父母或者其他监护人实施家庭教育提供服务。

《家庭教育促进法》第 30 条第 2 款就妇联组织对留守未成年人和困境未成年人的父母或者其他监护人提供服务作出规定："教育行政部门、妇女联合会应当采取有针对性的措施，为留守未成年人和困境未成年人的父母或者其他监护人实施家庭教育提供服务，引导其积极关注未成年人身心健康状况、加强亲情关爱。"在实践中，妇联组织对这些特殊人群的家庭教育服务主要有：通过组织开展留守儿童、贫困儿童暑期家庭教育大学生支援服务活动，为妇女儿童送去关爱和温暖；为留守未成年人和困境未成年人的父母或者其他监护人实施家庭教育提供指导和帮助，引导其掌握未成年人的学习、成长状况，促进父母和子女之间的联系和交流，以增进亲子关系。发现留守未成年人的心理、行为异常后，及时通知家长，共同采取干预措施等。对于困境未成年人，要根据孤儿、自身困境未成年人、家庭困境未成年人、安全困境未成年人和临时困境未成年人的不同情况，采取相应的指导服务措施，并与社会救助有机结合，给困境未成年人以亲情关爱、生活照顾等。

三是妇联组织引领广大妇女发挥独特作用的责任。

《家庭教育促进法》第35条规定："妇女联合会发挥妇女在弘扬中华民族家庭美德、树立良好家风等方面的独特作用，宣传普及家庭教育知识，通过家庭教育指导机构、社区家长学校、文明家庭建设等多种渠道组织开展家庭教育实践活动，提供家庭教育指导服务。"这就从法律层面对妇联开展家庭教育工作作出指引，明确了妇联组织在家庭教育中的作用，特别是引领广大妇女在弘扬中华民族家庭美德、树立良好家风等方面发挥独特作用。

四是妇联组织进行家庭教育指导和督促的职责。

《家庭教育促进法》第48条第1款规定："未成年人住所地的居民委员会、村民委员会、妇女联合会，未成年人的父母或者其他监护人所在单位，以及中小学校、幼儿园等有关密切接触未成年人的单位，发现父母或者其他监护人拒绝、怠于履行家庭教育责任，或者非法阻碍其他监护人实施家庭教育的，应当予以批评教育、劝诫制止，必要时督促其接受家庭教育指导。"根据该条款的规定，妇联组织在发现父母或者其他监护人以及受托人拒绝、怠于履行家庭教育责任，或者非法阻碍其他监护人实施家庭教育时，应当予以批评教育、劝诫制止，必要时督促其接受家庭教育指导。在实际工作中，妇联组织与相关部门分工协作，通过家庭教育指导机构、社区家长学校、文明家庭建设等多种渠道组织开展家庭教育实践活动，为这些家庭提供家庭教育指导服务。

二、妇联组织在家庭教育中的作用

自妇联组织成立以来，从开始组织开展"五好家庭"评选，文明家庭创建，到 2014 年开始组织开展寻找"最美家庭"，都有力地助推了家庭文明建设。

就此而言，妇联通过鼓励妇女积极参与各类家庭文明建设活动，支持妇女充分发挥其在家庭生活中的重要作用，进一步在千家万户中弘扬中华民族家庭美德、促进良好的家风的树立，以每个家庭的建设促进整个社会的建设，以良好的家风支撑良好的社会风气。

在家庭教育中，妇女扮演着多重角色，既是孩子的母亲，也是丈夫的妻子，有着十分重要而独特的作用。可以说，广大妇女在弘扬家庭美德并树立良好家风方面发挥着独特作用。

妇联的这些工作，要帮助和引导家长树立正确的家庭教育观念。

根据《家庭教育促进法》第 35 条的规定，妇联所要开展的家庭教育工作主要包括以下两个方面。

一方面，要宣传普及家庭教育知识。在实践中，妇联对家庭教育知识的宣传普及，早已突破传统的纸媒载体，综合运用新闻媒体和互联网，实现了线下和线上相结合的多渠道立体化的宣传教育模式。以浙江嘉兴为例，通过线下举办家长沙龙，线上建立家庭教育微信群，以每月专家微课、每周家教广播、每日阅读分享、不定期互助论坛等形式，建立了集在线教育、咨询和交流于一体的立体化家庭教育平台。[1] 妇联通过面向社会广泛开展家庭教育宣传，普及家庭教育知识，推广家庭教育的成功经验等，帮助和引导家长树立正确的家庭教育观念，掌握科学的家庭教育方法，提高科学教育子女的能力。

另一方面，要通过组织开展家庭教育实践活动，提供家庭教育指导服务。在开展家庭教育实践活动中，需要注意以下几点。

---

[1] 《市妇联三举措深化家庭教育服务》，载嘉兴女性网，http：//sfl. jiaxing. gov. cn/art/2019/12/19/art _ 1602695_ 41133510. html，2022 年 11 月 27 日访问。

一是发挥家庭教育指导机构的抓手作用。妇联统筹指导家庭教育工作的一个重要抓手就是家庭教育指导机构。例如，通过利用妇联主管的社工机构开展专业化、个性化的家教指导服务。多年来，各级妇联组织汇聚了一大批家庭教育专职、兼职和志愿者服务队伍，依托相关机构，开展家庭教育的培训，提升家庭专业化水平。组织动员各地的法官、检察官、教师、公安民警、律师、医护人员、妇联执委、社会工作者、巾帼志愿者、大学生志愿者、"五老"等积极参与志愿服务活动，服务力量进一步壮大。

二是发挥社区家长学校的阵地作用。社区家长学校是妇联组织开展家庭教育的重要阵地，截至 2021 年 6 月，全国妇联指导各级妇联组织已经建立社区家长学校 36.3 万所、网上家长学校 1.3 万个、家庭教育新媒体服务平台 1.6 万个，与教育部联合命名全国家庭教育创新实践基地近 300 个，依托这些服务阵地，线上线下宣传普及家庭教育的理念、知识和方法。①

三是发挥文明家庭建设的载体作用。引导家长以良好的思想道德修养为子女作出表率。将亲子阅读作为开展家庭教育的有效载体，在亿万家庭中开展"书香飘万家"全国家庭亲子阅读活动，鼓励家长、孩子在阅读中共同成长进步。联合民政部等部门，开展寒暑假期儿童关爱服务活动，组织各级各类志愿者开展走访慰问、结对帮扶、家校指导等，加强家长的监护意识和能力，加大对未成年人关爱保护力度。特别关心单亲家庭、困难家庭、流动人口家庭的未成年子女教育，为他们提供指导和帮助。

四是发挥各类家庭教育学术团体的智库作用。调动家庭教育学术团

---

① 《全国妇联：八举措指导家庭教育工作，促进未成年人健康成长》，载央视网，https://news.cctv.com/2021/06/08/ARTI4B5i1vfr7MIS3nXd0rim210608.shtml，2022 年 12 月 3 日访问。

体就家庭教育中存在的突出问题进行研究，为指导家庭教育工作提供理论支持和决策依据。

三、典型案例

（一）妇联与多部门联动协作，共同提升家庭教育实效

【案情简介】

与朱某一起生活的 9 岁（案发时）女童小朱，系朱某与他人的非婚生女。因家庭琐事及小朱的学习问题，朱某与同居女友徐某自 2018 年以来经常掐拧、抽打小朱。2019 年，朱某曾先后两次使用棍棒等击打小朱致使其左小腿受伤，后因治疗不及时而导致伤口溃烂感染。2020 年，人民检察院依法对朱某和徐某提起公诉，二人因犯虐待罪分别被判处有期徒刑十个月和六个月，均适用缓刑。案件发生后，鉴于朱某和徐某愿意继续同小朱共同生活并履行监护职责，检察机关会同妇联、关工委启动家庭教育指导工作。当地妇联指派家庭教育指导老师，对朱某和徐某进行"一对一"家庭教育指导，引导二人改变不当的教育方式。同时，将朱某和徐某拉入由检察机关、妇联、关工委和教育局共同创建的微信群，组织二人定期参加指导讲座，并在微信群中分享接受家庭教育指导的心得体会等。[1]

【以案说法】

从案情来看，这是一起由于缺乏正确的家庭教育观念、对未成年人不当管教而引发的犯罪案件。通常情况下，原生家庭更有利于未成年人的成长。在此案中，朱某和徐某需要充分认识到自身在家庭教育

---

[1] 《关于印发〈在办理涉未成年人案件中全面开展家庭教育指导工作典型案例〉的通知》，载最高人民检察院网站，https://www.spp.gov.cn/spp/xwfbh/wsfbt/202111/t20211115_535232.shtml#2，2022 年 12 月 1 日访问。

方面存在的问题，并努力改变教育方式，才能为小朱的成长提供良好的原生家庭环境。有鉴于此，当地检察机关、妇联等部门在案件发生后，采取了诸多举措，为朱某和徐某的家庭教育提供指导和帮助，引导二人树立科学的教育观念。由此可见妇联组织所发挥的积极作用。

（二）妇联组织参与制定地方政策

【案情简介】

自 2019 年以来，J 省 L 市所辖市区及农村地区部分网吧存在违规接纳未成年人上网的问题。这些网吧或者未在入口处显著位置悬挂未成年人禁入标志，或者经营者在未成年人进入网吧时未要求其出示身份证件并核对年龄。甚至有的网吧经营者在发现前来上网者是未成年人后，仍然使用成年人身份证帮助其开户上网，家长多次反映但未能得到解决。2019 年 11 月，J 省 L 市人民检察院在办理未成年人孟某盗窃案中发现，该市辖区内多家网吧违规接纳未成年人上网，部分未成年人甚至通宵在网吧上网。检察机关将办案中发现的放任未成年人进入营业性娱乐场所、酒吧、网吧的未成年人父母或其他监护人情况，向妇联、关工委等通报，推动妇联、关工委发挥自身优势，动员社会力量，开展家庭教育指导。同时，检察机关牵头与市教育局、公安局、司法局、团市委、卫健局、妇联六家单位会签《关于加强未成年人权益保护的意见》，建立市青少年法治教育基地，推动形成全市未成年人保护大格局。[①]

【以案说法】

根据《家庭教育促进法》第 6 条第 2 款的规定，妇联组织要按照职责分工承担家庭教育工作的日常事务。在司法实践中，妇联组织与检察

[①] 《江苏省溧阳市人民检察院督促整治网吧违规接纳未成年人行政公益诉讼案》，载最高人民检察院网站，https://www.spp.gov.cn/jczdal/202203/t20220307_547759.shtml，2022 年 12 月 1 日访问。

机关、公安机关等部门协作，共同促进家庭教育工作的开展。本案中，检察机关在办案过程中，向妇联通报关于放任未成年人进入营业性娱乐场所、酒吧、网吧的未成年人父母或其他监护人情况，妇联推动家庭教育工作开展、会签《关于加强未成年人权益保护的意见》等，是依法履职的体现。

本案中，未成年人进入网吧上网的背后，也反映出这些未成年人的父母或者其他监护人怠于履行家庭教育责任，根据《家庭教育促进法》第 48 条第 1 款规定，妇联组织在得到检察机关的通报并知悉相关情况后，应当对未成年人的父母或者其他监护人予以批评教育、劝诫制止，督促其接受家庭教育指导。只有各个部门相互配合，方能构筑促进家庭教育良好开展的"同心圆"。

（三）妇联助力失足少年回归社会生活

【案情简介】

2018 年 11 月至 2019 年 3 月，高中学生李某（作案时 16 周岁）利用 S 电商超市 7 天无理由退货规则，多次在某电商超市网购香皂、洗发水、方便面等日用商品，收到商品后上传虚假退货快递单号，骗取 S 电商超市退回购物款累计 8000 余元。后李某将此犯罪方法先后传授给牛某等 4 名高中生（作案时均未满 18 周岁），并收取 1200 元的"传授费用"。牛某等人以此方法分别骗取 S 电商超市退回购物款，致使该电商超市损失近 4 万元。后这 5 名学生均主动退赃，最终取得了被害方 S 电商超市的谅解。

检察机关认为 5 人虽利用网络实施诈骗，但并非针对不特定多数人，系普通诈骗犯罪，且主观恶性不大，犯罪情节较轻，无逮捕必要，加上 5 人均面临高考，因而依法作出不批准逮捕决定。综合本案案情，考虑到进行特殊预防和教育改造的需要，检察机关专门针对李某是否可以适用附条件不起诉召开不公开听证会。经听证评议，听证员一致认为应对李某作附条件不起诉，以最大限度地促进其改恶向善、回归正途。通过听证，李某认识到自己错误的严重性，李某父母认识到家庭教育中存在的问题，参加听证的各方面代表达成了协同帮教意向。检察机关对李某等5人依法作出附条件不起诉决定，考验期为6个月。

在本案办理过程中，检察机关了解到这5名高中生均存在不同程度的家庭教育缺失问题，遂会同司法社工对这5人的父母开展家庭教育指导。检察机关充分发挥"3+1"（检察院、未管所、社会组织和涉罪未成年人）帮教工作平台优势，并结合法治进校园"百千万工程"，联合团委、妇联、教育局共同组建"手拉手法治宣讲团"，要求5人及其父母定期参加法治教育讲座。最终，这5名高中生均步入大学校门。①

【以案说法】

深入分析本案发生的原因可以发现，家庭责任缺位导致5名未成年人对法律缺乏认知与敬畏是一个共性问题，或者父母疏于管教而亲子关系紧张，或者因达不到父母期盼而缺乏自信，或者因单亲家庭而感到自卑，或者父母疏于管教而沉迷网络游戏挥霍消费等。因此，对这5人及其父母开展家庭教育指导确有必要。

本案中的检察机关依托个案办理整合帮教资源，积极与教育、团委、妇联等各方联合，最大限度地实现对涉罪未成年人的教育、感化和挽救，产生了积极效果。妇联作为"手拉手法治宣讲团"的组建单位之一，在家庭教育工作中，与检察机关等部门相互配合、协作，是依法履职的体现。

---

① 《李某诈骗、传授犯罪方法牛某等人诈骗案》，载最高人民检察院网站，https://www.spp.gov.cn/jczdal/202103/t20210303_510511.shtml，2022年12月2日访问。

（四）出台相关政策，有力解决未成年人失管问题

【案情简介】

2021 年 2 月，陈某因涉嫌盗窃罪被依法逮捕，其 6 周岁的女儿小陈因无人监护暂由当地社会福利中心临时监护。后陈某被判处有期徒刑。因小陈属于陈某的非婚生子，在陈某服刑期间，小陈被安置在福利院临时监护。

在本案办理过程中，检察机关针对陈某多次实施犯罪导致小陈无人抚养以及法律观念淡薄、监护主体意识不强等问题，联合妇联、民政等部门开展综合评估，认为对陈某确有监护干预必要，对其启动家庭教育指导程序。在家庭教育指导程序启动后，专业社工在家庭功能测验、多维度访谈、妇联家访观察等基础上制订了有针对性的家庭教育指导工作方案。为陈某设置了 3 个月的家庭教育指导期和 6 个月的亲职见习期。第一个月，重点进行预防再犯罪法治教育以及监护职责教育和心理干预，促进提升监护意识；第二个月，重点链接包含"如何帮助孩子重建安全感""营造良好家庭氛围——重建亲子关系""父母良好价值观及行为对孩子的正向影响"等系列家庭教育指导课程，提升其沟通技巧、情绪管理能力，配套开展亲子沙龙、亲子公益活动等，增进亲子关系；第三个月，再次进行家庭功能测验，并根据前两个月工作情况进行总结评估和效果巩固。在方案实施过程中，由妇联安排陈某所在村妇女干部作为家庭教育指导观察员定期开展家访观察，动态掌握家庭教育指导情况，适时调整工作进度与节奏。[1]

---

[1] 《关于印发〈在办理涉未成年人案件中全面开展家庭教育指导工作典型案例〉的通知》，载最高人民检察院网站，https://www.spp.gov.cn/spp/xwfbh/wsfbt/202111/t20211115_535232.shtml#2，2022 年 12 月 1 日访问。

【以案说法】

本案中，检察机关对陈某启动家庭教育指导工作后，妇联在家访观察方面发挥了重要作用。妇联通过安排相关妇女干部作为陈某的家庭教育指导观察员，对陈某实现动态监管和后期监护能力评估，根据实际情况适时调整工作方案，有力推动了家庭教育指导工作的开展。

【相关规定指引】

《中国妇女发展纲要（2021—2030 年）》

10. 增强父母共同承担家庭教育责任的意识和能力。推进家庭教育立法及实施，促进父母共同落实家庭教育主体责任，创造有利于未成年子女健康成长和发展的家庭环境。开展宣传培训，帮助父母树立科学家庭教育理念，摒弃"重智轻德"等观念，掌握科学知识和方法，注重言传身教，关注未成年子女身心健康，提高家庭科学育儿能力。鼓励父母加强亲子交流，共同陪伴未成年子女成长。

《最高人民检察院、中华全国妇女联合会、中国关心下一代工作委员会关于印发〈在办理涉未成年人案件中全面开展家庭教育指导工作典型案例〉的通知》

强化家庭教育指导是培养担当民族复兴大任时代新人的具体举措，也是回应人民群众新期盼新需求的现实需要，更是未成年人保护法和预防未成年人犯罪法提出的明确要求。各级检察机关、妇联组织、关工委要充分认识全面开展家庭教育指导的重要意义，学习先进经验和做法，不断推动涉未成年人案件家庭教育指导工作高质量发展。一要切实加大推进力度。特别是尚未启动涉未成年人案件家庭教育指导的地区，要积极探索，抓紧突破，以个案指导为切口逐步积累经验，建立本地区家庭教育指导工作机制，形成长效、稳定的制度和做法。二要注意探索行之有效的家庭教育指导模式和方法，及时总结经验，推动理论研究。通过不断总结监护不力未成年人家庭教育的问题根源，发现家庭教育的规律，研究针对性的方法和措施，提升家庭教育指导的专业性和科学性，优化工作质量和效果，推动解决家庭教育深层次问题。三要着力培养高素质人才队伍。家庭教育指导是专业性极强的未成年人保护工作，经验丰富、功底扎实、人员稳定的工作队伍是长期、高效做好工作的基本保障。各级检察机关、妇联组织、关工委要充分发挥各自资源优势和人才优势，大力培养专家人才、服务队伍，夯实家庭教育指导工作基础。

▶ 第八讲
司法部门对家庭教育的干预

在现实生活中，经常会出现父母或者其他监护人因家庭教育主体责任意识不强，或者家庭教育缺失，或者实施家庭教育不当而导致的一系列问题。此时，就需要相关司法部门对家庭教育的实施予以必要干预。

一、司法部门干预家庭教育的情形

《家庭教育促进法》第 49 条规定："公安机关、人民检察院、人民法院在办理案件过程中，发现未成年人存在严重不良行为或者实施犯罪行为，或者未成年人的父母或者其他监护人不正确实施家庭教育侵害未成年人合法权益的，根据情况对父母或者其他监护人予以训诫，并可以责令其接受家庭教育指导。"这就明确了公安机关、人民检察院、人民法院对家庭教育进行干预的情形和措施。

当前，父母或者其他监护人对未成年人生而不养、养而不教、教而不当的现象时有发生，这都反映出家庭教育实施在不同程度上存在的问题。从司法实务来看，因"隐性"监护缺失而导致的侵害未成年人犯罪案件较为突出。司法部门介入家庭教育进行干预，主要适用于以下情形：

一种情形是，父母或者监护人不依法履行监护人职责，致使未成年人存在严重不良行为或者实施犯罪行为。该种情形主要是指父母或者其他监护人不作为，对未成年人疏于管教，对未成年人的不良行为和违法犯罪行为不进行有效预防和制止等。

从司法实践来看，未成年人的行为出现偏差，甚至滑向犯罪的深渊，很多情况下是因为未成年人的父母或者其他监护人没有履行家庭教育责任，或者怠于履行家庭教育责任而导致的。[①] 一份报道显示，检察机关通过对大量个案进行研究分析发现，不良家庭环境、不当监护方式是未成年人走上违法犯罪道路或者受到不法侵害的深层次原因。据统计，2020 年，流动未成年人犯罪在未成年人犯罪中所占比例超过一半。部分省市办理的涉未成年人案件中，近一半的涉案未成年人未与父母共同生活、脱离家庭监护，近 80% 的案件存在父母或其他监护人放任、打骂体罚等家庭教育方式不当问题。[②] 有鉴于此，按照法律规定，当公安机关、人民检察院和人民法院在办理案件过程中，发现未成年人存在严重不良行为或者实施犯罪行为时，即可对该未成年人的父母或者其他监护人的家庭教育进行干预。

那么，哪些属于未成年人的严重不良行为呢？我国对未成年人的犯罪行为又有哪些规定？

按照《预防未成年人犯罪法》第 38 条的规定，未成年人的严重不

---

① 《三部门联合印发意见——四类案件必须进行家庭教育情况评估》，载《光明日报》2021 年 7 月 11 日第 2 版。

② 《最高检　全国妇联　中国关工委有关负责人就〈关于在办理涉未成年人案件中全面开展家庭教育指导工作的意见〉答记者问》，载最高人民检察院网站，https://www.spp.gov.cn/spp/xwfbh/wsfbt/202107/t20210710_523411.shtml#3，2022 年 12 月 1 日访问。

良行为，是指未成年人实施的有刑法规定、因不满法定刑事责任年龄不予刑事处罚的行为，以及严重危害社会行为。主要有如下几种：结伙斗殴，追逐、拦截他人，强拿硬要或者任意损毁、占用公私财物等寻衅滋事行为；非法携带枪支、弹药或者弩、匕首等国家规定的管制器具；殴打、辱骂、恐吓，或者故意伤害他人身体；盗窃、哄抢、抢夺或者故意损毁公私财物；传播淫秽的读物、音像制品或者信息等；卖淫、嫖娼，或者进行淫秽表演；吸食、注射毒品，或者向他人提供毒品；参与赌博赌资较大；其他严重危害社会的行为。

按照《刑法》第 13 条的规定，犯罪行为，是指依照法律应当受刑罚处罚的危害社会的行为。同时，《刑法》第 17 条对未成年人的刑事责任年龄作出了明确规定，即已满 16 周岁的人犯罪，应当负刑事责任；已满 14 周岁不满 16 周岁的人，犯故意杀人、故意伤害致人重伤或者死亡、强奸、抢劫、贩卖毒品、放火、爆炸、投放危险物质罪的，应当负刑事责任；已满 12 周岁不满 14 周岁的人，犯故意杀人、故意伤害罪，致人死亡或者以特别残忍手段致人重伤造成严重残疾，情节恶劣，经最高人民检察院核准追诉的，应当负刑事责任。值得注意的是，因不满 16 周岁不予刑事处罚的未成年人，司法部门应当责令其父母或者其他监护人加以管教；在必要的时候，依法进行专门矫治教育。这属于未成年人被追究刑事责任，但因未达到刑事责任年龄不予刑事处罚的情形。

另一种情形是，未成年人的父母或者其他监护人不正确实施家庭教育而侵害未成年人合法权益。该种情形主要是指父母或者其他监护人主动实施违法行为，如对未成年人实施家庭暴力；放任或者迫使应当接受义务教育的未成年人失学、辍学；虐待、遗弃、非法送养未成年人等，从而导致未成年人身心健康受到侵害或者其他合法权益受到侵犯。在现实生活中，许多未成年人的父母或者其他监护人由于缺乏正确的教育观念，实施不当的家庭教育，从而导致未成年人的合法权益遭受损害时有发生。特别是从涉未成年人刑事案件来看，监护缺失、监护不当或监护侵害等问题日益突出。据统计，性侵害未成年人犯罪被害人中，单亲家庭、隔代监护、留守儿童占比超过 20%。[①] 上述情形已经敲响警钟，保护未成年人的合法权益刻不容缓。

《家庭教育促进法》的第 15~17 条、第 20~21 条分别从不同层面对家庭教育作出了规定。

二、司法部门的干预方式

公安机关、人民检察院或人民法院对家庭教育的干预要根据具体情况予以实施，主要有以下两种方式。

一是对未成年人的父母或者其他监护人进行训诫。训诫，即告诫、教导。在诉讼法上，训诫是一种强制措施，是指公安机关、人民法院等对某些违法犯罪分子或者违反法庭规则的行为人，进行批评教育，并责令其改正，不得再犯。我国相关法律对训诫的适用情形进行了明确规定，主要针对妨害诉讼的行为。在司法实践中，当行为人在庭审环节违反法庭规则时，司法部门对其违反程序的行为进行批评教育。例如，《民事诉讼法》第 113 条规定，诉讼参与人和其他人应当遵守法庭规则。人民法院对违反法庭规则的人，可以予以训诫，责令退出法庭或者予以罚款、拘留。人民法院对哄闹、冲击法庭，侮辱、诽谤、威胁、殴打审判人员，严重扰乱法庭秩序的人，依法追究刑事责任；情节较轻的，予以罚款、拘留。《刑事诉讼法》第 193 条规定，经人民法院通知，证人没有正当理由不出庭作证的，人民法院可以强制其到庭，但是被告人的

---

① 《三部门联合印发意见——四类案件必须进行家庭教育情况评估》，载《光明日报》2021 年 7 月 11 日第 2 版。

配偶、父母、子女除外。证人没有正当理由拒绝出庭或者出庭后拒绝作证的，予以训诫，情节严重的，经院长批准，处以十日以下的拘留。被处罚人对拘留决定不服的，可以向上一级人民法院申请复议。复议期间不停止执行。这种批评教育通常以口头的形式呈现，也会根据情况要求违法行为人签署具结悔过书。

在家庭领域，针对未成年人的父母或者其他监护人实施的训诫，如《未成年人保护法》《反家庭暴力法》《预防未成年人犯罪法》《家庭教育促进法》中的训诫，是指公安机关、人民检察院、人民法院对未成年人的父母或者监护人进行批评教育，并责令其改正，不得再犯的一种处罚方式。训诫作为一种非刑罚的处理方法，主要针对的是未成年人的父母或者其他监护人所存在的轻微违法行为。当未成年人的父母或者其他监护人不依法履行监护职责或者侵犯未成年人合法权益时，通过训诫可以产生感化、教育效应，起到警示效果，提示其改正错误。从长远来看，能够起到预防和减少犯罪的作用。值得注意的是，在训诫过程中，公安机关、人民检察院、人民法院应严肃地指出行为人的违法行为，分析其危害性，并责令其努力改正。

二是责令未成年人的父母或者其他监护人接受家庭教育指导。责令接受家庭教育指导，主要适用于针对未成年人父母或其他监护人因存在管教不严、监护缺位或影响未成年人健康成长，导致未成年人违法犯罪或受到侵害等情形。从司法实践来看，未成年人的父母或者其他监护人不依法履行监护职责或者侵犯未成年人合法权益的，很多情况下是因缺乏家庭教育的基本常识和训练。因此，责令其接受家庭教育指导是从根本上纠正未成年人的父母或者其他监护人行为的一种有效方式。一方面，通过家庭教育指导来帮助未成年人的父母或者其他监护人树立正确的教育观，掌握科学的教育方法，更好地教育和管理未成年人的行为；

另一方面，教育和引导未成年人的父母或者其他监护人加强自我约束，为子女健康成长营造良好的家庭环境，保护未成年人的合法权益。

责令接受家庭教育指导，是一个多方机构共同参与的系统工作。在我国司法实践中，接受家庭教育指导的未成年人的父母及其他监护人，需要在特定的机构或组织中接受教育指导。通常情况下，提供教育服务的家长学校、有关国家机关、人民团体、企业事业单位或社会组织将给予专业的家庭教育指导。家庭教育指导的内容和范围非常广泛，涉及提升法律素养和道德修养、强化监护意识和能力、转变不当教育方式、重塑良好家庭关系等方方面面。按照《关于在办理涉未成年人案件中全面开展家庭教育指导工作的意见》的规定，家庭教育指导内容包括但不限于以下方面：教育未成年人的父母或者其他监护人培养未成年人法律素养，提高守法意识和自我保护能力；帮助未成年人的父母或者其他监护人强化监护意识，履行家庭教育主体责任；帮助未成年人的父母或者其他监护人培养未成年人良好道德行为习惯，树立正确价值观；教导未成年人的父母或者其他监护人对未成年人采取有效的沟通方式；引导未成年人的父母或者其他监护人改变不当教育方式；指导未成年人的父母或者其他监护人重塑良好家庭关系，营造和谐家庭氛围；协助未成年人的父母或者其他监护人加强对未成年人的心理辅导，促进未成年人健全人格的养成。通过这些专业而有效的家庭教育指导，帮助和引导未成年人的父母及其他监护人更新家庭教育观念，强化监护意识并提高监护能力，从而更好地为未成年人的健康成长提供家庭保护。

在法律适用中，"责令接受家庭教育指导令"的发出是法院职能的延伸，成为"督促监护令"和"人身保护令"的有效补充。最高人民检察院《关于在办理涉未成年人案件中开展"督促监护令"工作的意见》中，明确了"督促监护令"的相关要求。在 2021 年 6 月 1 日实施的《预防未成年人犯罪法》和《未成年人保护法》中，均对责令未成年人的父母或者其他监护人接受家庭教育指导作出了明确规定。《预防未成年人犯罪法》第61条规定："公安机关、人民检察院、人民法院在办理案件过程中发现实施严重不良行为的未成年人的父母或者其他监护人不依法履行监护职责的，应当予以训诫，并可以责令其接受家庭教育指导。"《未成年人保护法》第118条第2款规定："公安机关接到报告或者公安机关、人民检察院、人民法院在办理案件过程中发现未成年人的父母或者其他监护人存在上述情形的，应当予以训诫，并可以责令其接受家庭教育指导。"责令接受家庭教育指导令的发出目的就在于督促未成年人的父母或者其他监护人依法履行监护责任，重视家庭教育，引导和教育未成年人成长为"有理想、有道德、有文化、有纪律"的"四有新人"，为社会和谐稳定营造良好氛围。

值得注意的是，在《家庭教育促进法》适用责令接受家庭教育指导的相关规定时，需要与上述法律和规定联动，予以综合运用。在司法实践中，适用责令接受家庭教育指导的情形有如下几种：一是未成年人被公安机关处以行政处罚，或者因未达到法定年龄不予行政处罚的；二是未成年人因犯罪情节轻微被人民检察院依法作出不起诉决定，或者被人民检察院依法作出附条件不起诉决定的；三是未成年人被追究刑事责任，或者因未达到刑事责任年龄不予刑事处罚的；四是遭受父母或者其他监护人侵害的。当司法部门在办理案件中，发现未成年人有如上第2~4种情形，应当对涉案未成年人所在的家庭教育情况进行评估，根据评估结果对未成年人的父母或其他监护人提出改进家庭教育意见，必要时可责令其接受家庭教育指导。

当司法部门依法对未成年人的父母或者其他监护人作出责令接受家庭教育指导令后，如果未成年人的父母或者监护人不予履行时，由公安机关予以警告，责令其改正。拒不改正的，可以根据情节轻重处以 1000 元以下罚款、5 日以下拘留。

此外，《关于在办理涉未成年人案件中全面开展家庭教育指导工作的意见》对失管未成年人家庭教育指导作出规定，即司法机关对办案中发现未成年人父母或者其他监护人存在监护教育不当或失管失教等问题，尚未导致未成年人行为偏差或遭受侵害后果时，应当提供必要的家庭教育指导和帮助。特别是对于有特殊需求的家庭，如离异和重组家庭、父母长期分离家庭、收养家庭、农村留守未成年人家庭、强制戒毒人员家庭、服刑人员家庭、残疾人家庭、曾遭受违法犯罪侵害未成年人的家庭等，更要加强家庭教育指导帮助。未成年人父母或者其他监护人主动提出指导需求的，应予支持。人员力量不能满足需要的，可以帮助链接专业资源提供个性化家庭教育指导服务。同时，对于未成年人违法犯罪多发地区，城市流动人口集中、城乡接合部、农村留守儿童集中等重点地区，司法部门要结合办案广泛开展预防性家庭教育指导工作。通过家庭教育知识进社区、进家庭等活动，深入开展法治宣传和家庭教育宣传，提高父母及其他监护人的监护意识、监护能力和法治观念，营造民主、和谐、温暖的家庭氛围，预防未成年人违法犯罪和遭受侵害问题发生。各地可灵活运用线上直播、新媒体短视频等多种形式，以案释法，扩大家庭教育宣传的覆盖面。

三、典型案例

（一）未成年人的成长离不开父母的家庭教育

【案情简介】

小吴自小父母离异，因其父常年在外地经商，小吴一直跟随爷爷奶奶生活。2020 年，小吴因交友不慎结识了池某。

池某在 A 地租赁一间房屋，招募黄某及未成年人林某居住，并安排她们从事卖淫活动。与小吴相识后，池某邀请她一起居住，并让她帮忙介绍嫖客，事后每单给 100~200 元的"好处费"。虽然小吴平时并不缺钱，但是经不住池某的请求，便给她介绍了几个朋友，从中抽成获利 800 元。后小吴搬离了池某租住的房屋。庭审过程中，小吴对自己的行为感到十分后悔，表示以后会谨慎交友，并跟随父亲好好学习和生活。

法院经审理认为，被告人小吴的行为已构成介绍卖淫罪。小吴介绍未成年人卖淫，酌情予以从重处罚；其犯罪时已满十六周岁未满十八周岁，归案后能如实供述自己的罪行，自愿认罪认罚，法院亦依法予以从轻处罚。据此，判处小吴有期徒刑 8 个月，并处罚金 1000 元。

法院经调查了解后认为，小吴是未成年人，曾因殴打他人和吸毒先后被行政处罚，但父亲吴某未能积极履行监护职责，进行适当的家庭教育，导致小吴不但未能改过自新，反而走上了犯罪道路，故向吴某先后发出《责令接受家庭教育指导令》《责令履行监护职责告诫书》，联合检察院、妇联告诫吴某积极正确履行监护责任，做好家庭教育，并由专业人员对其进行了家庭教育指导。①

【以案说法】

在本案中，小吴属于未成年人，其父吴某是其法定监护人。从案情来看，吴某常年在外地经商，小吴与爷爷奶奶共同生活，显然吴某没有很好地履行监护责任，对小吴的行为缺乏正确有效的引导和教育。小吴走上犯罪道路的一个主要原因就是家庭教育的缺失。该案件是人民法院在审理介绍卖淫一案中发现小吴的父亲作为监护人怠于履行家庭教育或

---

① 《他怠于履行家庭教育？他家暴孩子？均要接受家庭教育指导！》，载平阳县人民法院微信公众号，https://mp.weixin.qq.com/s/iS_ I4zaCiyzg1j7-ilST6Q，2023 年 3 月 1 日访问。

者履行家庭教育不当，致使小吴不但没有因为前期的行政处罚而改过自新，反而走上了犯罪道路。因此，根据《未成年人保护法》第 15 条、第 17 条、第 118 条的规定，对小吴的父亲吴某作出责令其接受家庭教育指导。根据《未成年人保护法》第 7 条、第 16 条、第 17 条及《预防未成年人犯罪法》第 16 条的规定，对小吴的父亲吴某作出告诫。

（二）父母应保证未成年人接受义务教育

【案情简介】

小月的父母因为各种矛盾，在其尚未出生时便已分开。小月自出生就一直跟随母亲朱某生活。2021 年，小月已八岁有余，早已达到法律规定的入学接受义务教育年龄。但因种种原因，朱某一直未送小月到学校上学。在多次交涉无果后，小月的父亲王某将朱某告上法庭，要求朱某送女儿上学。

法庭上，朱某辩称，小月虽然没有走进校园，但也受到了良好的教育。通过请家教一对一、一对多的教授，小月在钢琴、游泳、画画、语文、数学等课程方面都有涉猎。在朱某看来，孩子完全可以不用到学校上学。一审败诉后，朱某不服，上诉至重庆一中院。

法院审理后认为，根据《义务教育法》的规定，凡年满六周岁的儿童，均应当入学接受义务教育，这不仅是其享有的权利，也是应当履行的法定义务。父母送适龄儿童入学接受义务教育，是应当履行的法定监护职责，任何人都不得违反。且义务教育的目的在于使未成年人在德智体美劳等方面全面发展，为培养有理想、有道德、有文化、有纪律的社会主义建设者和接班人奠定基础，不能用其他形式的教育替代义务教育。据此，法院判决驳回上诉，维持原判。

为了能够使小月顺利入学，法院联合教委、检察院、妇联等六家单位为朱某和王某组织家庭教育指导暨沟通协调会。法官针对朱某怠于履行监护职责的行为，对其进行了训诫，并向其送达了《责令接受家庭教育指导令》，责令朱某依法履行好监护职责，并尽快送孩子入学接受义务教育。法院专门请来的家庭教育指导专家，从家庭教育、社会教育、学校教育的优势以及对孩子成长的帮助等多个方面，结合小月的具体情况，对朱某进行了详细讲解。当地教育部门和对口学校，就小月的择校问题、学籍问题等，回答了朱某的疑问，并给出了切实可行的解决方案。朱某当场表示愿意尽快送孩子入学。[①]

【以案说法】

适龄儿童接受义务教育既是一项权利，也是法定义务。本案中，小月的母亲朱某不让小月就学，混淆了义务教育与其他形式教育，没有尽到监护人要送适龄儿童入学接受义务教育的职责，已经侵害了小月的受教育权。我国《妇女权益保障法》第 36 条就有明确规定，父母或者其他监护人应当履行保障适龄女性未成年人接受并完成义务教育的义务。对无正当理由不送适龄女性未成年人入学的父母或者其他监护人，由当地乡镇人民政府或者县级人民政府教育行政部门给予批评教育，依法责令其限期改正。居民委员会、村民委员会应当协助政府做好相关工作。政府、学校应当采取有效措施，解决适龄女性未成年人就学存在的实际困难，并创造条件，保证适龄女性未成年人完成义务教育。《未成年人保护法》第 16 条规定："未成年人的父母或者其他监护人应当履行下列监护职责……（五）尊重未成年人受教育的权利，保障适龄未成年人依法接受并完成义务教育"第 17 条规定："未成年人的父母或者其他监护人不得实施下列行为……（五）放任或者迫使应当接受义务教育的未成年人失学、辍学……"第 118 条规定："未成年人的父母或者其他监护人不依法履行监护职责或者侵犯未成年人合法权益的，由其居住地的居

---

① 《重庆首张责令接受家庭教育指导令发出》，载《人民法院报》2021 年 12 月 8 日第 3 版。

民委员会、村民委员会予以劝诫、制止；情节严重的，居民委员会、村民委员会应当及时向公安机关报告。公安机关接到报告或者公安机关、人民检察院、人民法院在办理案件过程中发现未成年人的父母或者其他监护人存在上述情形的，应当予以训诫，并可以责令其接受家庭教育指导。"根据上述规定，司法机关应当依法对小月的母亲朱某作出训诫并责令其接受家庭教育指导。

（三）实施家庭暴力，孩子遭受严重损伤

【案情简介】

2008 年，潘某与丈夫许某相识并登记结婚。2009 年，二人生育一子小许。夫妻二人在婚后不久，就因工作分歧以及许某喝酒打牌的喜好而矛盾重重。潘某于 2021 年 1 月向法院起诉要求离婚。

经法院调解，潘某决定再给两人一次机会，但为了避免发生冲突未搬回家中居住。许某在向小许逼问潘某的住址遭到拒绝后，竟对小许进行殴打，导致其鼻子出血且伴有轻微脑震荡，潘某知晓后再次起诉离婚。法院判决婚生子小许由潘某抚养，许某每周享有一次探望权。

但因小许对父亲仍存在抵触情绪，故一直不愿意见他。许某在校门口因探望不成，与潘某再次发生冲突，并用脚踢踹潘某的车辆，后报警处置。

法官进行案后回访时了解到，许某不仅对孩子实施家庭暴力，离婚后又与潘某发生冲突，没能以身作则，正确处理好亲子关系，故向其发出《责令接受家庭教育指导令》和《责令履行监护职责告诫书》，并联合妇联对许某进行家庭教育指导。①

---

① 《他怠于履行家庭教育？他家暴孩子？均要接受家庭教育指导！》，载平阳县人民法院微信公众号，https：//mp. weixin. qq. com/s/iS_ I4zaCiyzg1j7-ilST6Q，2023 年 3 月 1 日访问。

【以案说法】

家庭暴力对未成年人的身心伤害很大，影响持久深远。家庭暴力案件的发生暴露了部分监护人的未成年人保护意识淡薄、家庭教育观念错位和监护能力不足。我国《反家庭暴力法》对家庭暴力的含义明确作出界定，是指家庭成员之间以殴打、捆绑、残害、限制人身自由以及经常性谩骂、恐吓等方式实施的身体、精神等侵害行为。本案中，小许的父亲对其进行殴打等实施家庭暴力的行为，已经对小许造成人身权益的伤害。

（四）父母包办婚姻，未成年人被迫成新娘

【案情简介】

2020 年 10 月，刘某听说同村的雷某和邱某的女儿小邱初中毕业后闲留家中，考虑到自己的儿子小张尚未恋爱，于是就请托同村村民柯某到雷某家说媒。在取得雷某初步同意后，刘某将小张从外地叫回老家，安排小张与小邱见面。其后，双方家长开始为二人议亲。

2021 年 1 月 12 日，雷某收取了小张的 8 万元彩礼后，按照当地风俗将女儿小邱的"小年更"交给小张，为小张与小邱订立婚约。二人随即开始同居生活，半年以后，小张与小邱因性格不合决定分居。小张将小邱送回其父母家中。双方因彩礼返还事宜未能达成一致意见，遂诉至法院。经法院主持调解，原、被告双方达成一致意见。被告邱某、雷某、小邱自愿退还原告彩礼。鉴于邱某、雷某为未成年人订立婚约，严重侵犯了未成年人的身心健康。该案的承办法官对邱某、雷某进行了训诫，并向其发出《责令接受家庭教育指导令》。为保障家庭教育指导得到切实落实，人民法院为小邱的父母指派了长期从事未成年权益保护工作的干警与妇联的工作人员一起作为家庭教育指导师。家庭教育指导师在该法院青少年法治教育基地对邱某、雷某进行了一对一家庭教育指

导。法院少审庭持续关注小邱的生活学习情况及家庭教育情况，并为该家庭建立跟踪回访档案。①

【以案说法】

我国保护婚姻自由、反对包办婚姻以法律形式予以明确。我国通过的第一部法律《婚姻法》中规定，废除包办强迫、男尊女卑、漠视子女利益的封建主义婚姻制度，实行男女婚姻自由。《民法典》明确规定禁止包办、买卖婚姻和其他干涉婚姻自由的行为。本案中，邱某和雷某法治观念淡薄，缺乏法治意识，擅自为未成年女儿订立婚约并放任未成年人同居生活，不仅未尽到监护人的监护责任，而且严重侵害了未成年人的权益。这也反映出二人作为父母对家庭教育缺乏充分认识。鉴于邱某和雷某未能依法正确履行监护职责，应当根据《未成年人保护法》第15条、第17条、第118条的规定，给予训诫，并责令其接受家庭教育指导。

【相关规定指引】

《未成年人保护法》

第十五条第一款　未成年人的父母或者其他监护人应当学习家庭教育知识，接受家庭教育指导，创造良好、和睦、文明的家庭环境。

第十六条　未成年人的父母或者其他监护人应当履行下列监护职责：

（一）为未成年人提供生活、健康、安全等方面的保障；

（二）关注未成年人的生理、心理状况和情感需求；

（三）教育和引导未成年人遵纪守法、勤俭节约，养成良好的思想品德和行为习惯；

（四）对未成年人进行安全教育，提高未成年人的自我保护意识和

---

① 《叙永法院发出四川首张〈责令接受家庭教育指导令〉》，载叙永县人民法院网站，http：//www.xyxfy.gov.cn/m/view.php？aid=3633，2023 年 3 月 1 日访问。

能力；

（五）尊重未成年人受教育的权利，保障适龄未成年人依法接受并完成义务教育；

（六）保障未成年人休息、娱乐和体育锻炼的时间，引导未成年人进行有益身心健康的活动；

（七）妥善管理和保护未成年人的财产；

（八）依法代理未成年人实施民事法律行为；

（九）预防和制止未成年人的不良行为和违法犯罪行为，并进行合理管教；

（十）其他应当履行的监护职责。

《预防未成年人犯罪法》

第六十一条　公安机关、人民检察院、人民法院在办理案件过程中发现实施严重不良行为的未成年人的父母或者其他监护人不依法履行监护职责的，应当予以训诫，并可以责令其接受家庭教育指导。

最高人民检察院、中华全国妇女联合会、中国关心下一代工作委员会印发《关于在办理涉未成年人案件中全面开展家庭教育指导工作的意见》

三、工作内容

家庭教育指导内容包括但不限于以下方面：

1. 教育未成年人的父母或者其他监护人培养未成年人法律素养，提高守法意识和自我保护能力；

2. 帮助未成年人的父母或者其他监护人强化监护意识，履行家庭教育主体责任；

3. 帮助未成年人的父母或者其他监护人培养未成年人良好道德行为习惯，树立正确价值观；

4. 教导未成年人的父母或者其他监护人对未成年人采取有效的沟通方式；

5. 引导未成年人的父母或者其他监护人改变不当教育方式；

6. 指导未成年人的父母或者其他监护人重塑良好家庭关系，营造和谐家庭氛围；

7. 协助未成年人的父母或者其他监护人加强对未成年人的心理辅导，促进未成年人健全人格的养成。

江苏省高级人民法院、江苏省人民检察院、江苏省公安厅、江苏省民政厅、江苏省妇女联合会《关于在涉未成年人案件中开展家庭教育指导工作的实施意见（试行）》

第三条 办案机关在办理案件过程中，发现未成年人的父母或者其他监护人有下列情形的，可以责令其接受家庭教育指导：

（一）侵犯未成年人合法权益的；

（二）被监护未成年人实施严重不良行为或者实施犯罪行为的；

（三）不依法履行监护职责，致使未成年人遭受他人犯罪行为侵害的；

（四）不积极协助、配合做好涉案未成年人的考察帮教；

（五）涉未成年人民事案件中，未成年人的父母或者其他监护人，怠于或不当履行未成年人监护职责，法院认为有必要的；

（六）其他应当接受家庭教育指导的情形。

▶ 第九讲
社会力量协助

　　习近平总书记指出，全社会要担负起青少年成长成才的责任。① 国家"十四五"规划明确提出，构建覆盖城乡的家庭教育指导服务体系，健全学校家庭社会协同育人机制。《家庭教育促进法》第四章专设"社会协同"一章，以法律的形式对社会协同的相关问题予以明确，对社会为家庭教育提供指导、支持和服务作出规定。其中，社会力量协助是社会协同的一个重要方面，助力家庭教育取得更好成效。②

一、居民委员会、村民委员会的职责

　　在我国，居民委员会、村民委员会是基层群众性自治组织。按照

----

① 中共中央党史和文献研究院编：《习近平关于注重家庭家教家风建设论述摘编》，中央文献出版社2021年版，第69页。
② 《家庭教育促进法》关于社会协同的规定，包括学校配合和社会力量协助两个方面。本讲重点讲述社会力量协助的相关内容，有关学校配合的相关内容详见第五讲。

《家庭教育促进法》第 9 条的规定，居民委员会、村民委员会等社会力量是家庭教育指导服务的重要主体，应当对家庭教育工作提供社会支持。《家庭教育促进法》第 38 条对居民委员会、村民委员会家庭教育的工作职责予以明确和细化："居民委员会、村民委员会可以依托城乡社区公共服务设施，设立社区家长学校等家庭教育指导服务站点，配合家庭教育指导机构组织面向居民、村民的家庭教育知识宣传，为未成年人的父母或者其他监护人提供家庭教育指导服务。"

社区家长学校等家庭教育指导服务站点是居民委员会、村民委员会向家长提供家庭教育指导和服务的一类重要渠道。从实践来看，社区家长学校和学校家长学校都承担着家庭教育工作的指导服务功能，是宣传普及家庭教育知识和科学家庭教育理念，提升家长素质并指导推进家庭教育的重要阵地和场所。家长学校对于促进家庭教育工作有效开展、推进基层社会治理发挥着积极作用。

二、婴幼儿照护及早期教育服务机构、医疗保健机构的职责

针对年轻父母普遍存在的育儿焦虑问题，婴幼儿照护服务及早期教育服务机构、医疗保健机构等机构需要加强对婴幼儿父母的指导，特别是就 0~3 岁科学养育知识和婴幼儿早期发展等方面宣传家庭教育知识，提供专业化的家庭教育指导服务。

（一）婴幼儿照护及早期教育服务机构

我国支持和引导社会力量依托社区提供婴幼儿照护服务。2019 年，国务院办公厅发布的《关于促进 3 岁以下婴幼儿照护服务发展的指导意见》为解决婴幼儿照护问题提供了政策保障。根据该指导意见，发展婴幼儿照护服务的重点是为家庭提供科学养育指导，并对确有照护困难的

家庭或婴幼儿提供必要的服务。《家庭教育促进法》第44条对婴幼儿照护及早期教育服务机构的责任作出规定："婴幼儿照护服务机构、早期教育服务机构应当为未成年人的父母或者其他监护人提供科学养育指导等家庭教育指导服务。"

1. 婴幼儿照护服务机构的开办形式

规范发展多种形式的婴幼儿照护服务机构。支持用人单位以单独或联合相关单位共同举办的方式，在工作场所为职工提供福利性婴幼儿照护服务，有条件的可向附近居民开放。鼓励支持有条件的幼儿园开设托班，招收2~3岁的幼儿。

2. 婴幼儿照护服务机构的家庭教育职责

一是婴幼儿照护服务机构的主要职责在于加强对家庭婴幼儿照护的支持和指导，特别是对家庭的婴幼儿早期发展的指导。例如，贵州省政府办公厅下发的《关于促进3岁以下婴幼儿照护服务发展的实施意见》中提出，支持用人单位以单独或联合相关单位共同举办方式在工作场所为职工提供福利性婴幼儿照护服务，可向附近居民开放；鼓励支持有条件的幼儿园利用富余资源开设托班招收2~3岁幼儿。二是加大对社区婴幼儿照护服务的支持力度。注重发挥城乡社区公共服务设施的婴幼儿照护服务功能。三是地方各级政府要新建、扩建、改建一批婴幼儿照护服务机构和设施。

（二）医疗保健机构

医疗保健机构负有开展科学养育知识宣传指导和婴幼儿早期发展服务的义务。《关于指导推进家庭教育的五年规划（2021—2025年）》提出，在完善3岁以下婴幼儿家庭育儿指导服务机制方面，要推动妇幼保健机构、基层医疗卫生机构开展婴幼儿早期发展服务。

《家庭教育促进法》第 45 条规定："医疗保健机构在开展婚前保健、孕产期保健、儿童保健、预防接种等服务时，应当对有关成年人、未成年人的父母或者其他监护人开展科学养育知识和婴幼儿早期发展的宣传和指导。"

1. 医疗保健机构的家庭教育服务内容

医疗保健机构开展的家庭教育指导服务主要包括对科学养育知识、婴幼儿早期发展的宣传与指导。

在开展婚前保健服务时，根据《全国家庭教育指导大纲（修订）》医疗保健机构对新婚期及孕期的家庭进行的家庭教育指导主要包括以下方面。

一是关于做好怀孕准备的指导。鼓励备孕夫妇学习优生优育优教的基本知识，并为新生命的诞生做好思想上、物质上的准备。引导备孕夫妇参加健康教育、健康检查、风险评估、咨询指导等专项服务。对于不孕不育者，引导其科学诊断、对症治疗，并给予心理辅导。

二是关于注重孕期保健的指导。指导孕妇掌握优生优育知识，配合医院进行孕期筛查和产前诊断，做到早发现、早干预；避免烟酒、农药、化肥、辐射等化学物理致畸因素，预防病毒、寄生虫等生物致畸因素的影响；科学增加营养，合理作息，适度运动，进行心理调适，促进胎儿健康发育。对于大龄孕妇、有致畸因素接触史的孕妇、怀孕后有疾病的孕妇以及具有其他不利优生因素的孕妇，督促其做好产前医学健康咨询及诊断。

三是关于提倡自然分娩的指导。指导孕妇认识自然分娩的益处，科学选择分娩方式；认真做好产前医学检查，并协助舒缓临盆孕妇的焦虑心理。帮助产妇做好情绪调节，预防和妥善应对产后抑郁。

四是关于做好育儿准备的指导。指导准家长学习育儿基本知识和方法，购置新生儿生活必备用品和保障母婴健康的基本用品；做好已有子女对新生子女的接纳工作；妥善处理好生育、抚养与家庭生活、职业发展的关系；统一家庭教育观念，营造安全、温馨的家庭环境。

在开展儿童保健服务时，医疗保健机构应当加强儿童健康管理、强化儿童营养喂养与运动指导等，针对孕产妇及家庭成员、儿童家长、幼儿园和托育机构工作人员、学校教师，普及儿童心理行为发育健康知识，开展生命教育和性教育，培养儿童珍爱生命意识和情绪管理与心理调适能力，以促进儿童身心健康成长。

2. 医疗保健机构服务家庭教育的方式

医疗保健机构根据自身工作特点和要求，提供家庭教育指导服务的主要方式是宣传和指导。值得注意的是，在家庭教育指导服务中，要适应新生代父母的需要，采取传统方式和新媒体相结合的形式，满足不同家庭的个性化、多元化教育服务需求。例如，可以就托幼机构卫生保健工作、早期亲子依恋关系的形成发展、托幼机构意外伤害防治、儿童膳食营养及眼、口腔保健等进行讲解和指导。

三、公共文化服务机构和新闻媒体的职责

推动将家庭教育指导服务纳入城乡社区公共服务、公共文化服务、健康教育服务、儿童友好城市（社区）建设等，是我国推进家庭教育工作的一个重要目标。《关于指导推进家庭教育的五年规划（2021—2025年）》明确提出，到2025年，家庭教育立德树人理念将更加深入人心，制度体系更加完善，各类家庭教育指导服务阵地数量明显增加，稳定规范专业的指导服务队伍基本建立，公共服务资源供给更加充分，覆盖城乡、公平优质、均衡发展的家庭教育指导服务体系逐步完善，学校家庭社会协同育人的机制更加健全等。同时，就探索设立家庭教育指导机构

作出要求，即推动县级以上人民政府因地制宜设立家庭教育指导机构，及时向有需求的家庭提供服务，形成有地方特色、有群体适应性的家庭教育指导服务模式。该规划就社区家庭教育指导提出要依托城乡社区综合服务设施、文明实践所站、妇女儿童之家等普遍建立家长学校，每年至少组织 4 次普惠性家庭教育指导服务活动。

在巩固发展学校家庭教育指导方面，规划指出，推动中小学、幼儿园普遍建立家长学校，每学期至少组织 2 次家庭教育指导服务活动，做到有制度、有计划、有师资、有活动、有评估。

（一）公共文化服务机构

公共文化服务，是指由政府主导、社会力量参与，以满足公民基本文化需求为主要目的而提供的公共文化设施、文化产品、文化活动以及其他相关服务。公共文化设施是指用于提供公共文化服务的建筑物、场地和设备。图书馆、博物馆、文化馆（站）、美术馆、科技馆、纪念馆、体育场馆、工人文化宫、青少年宫、妇女儿童活动中心、老年人活动中心、乡镇（街道）和村（社区）基层综合性文化服务中心、农家（职工）书屋、公共阅报栏（屏）、广播电视播出传输覆盖设施、公共数字文化服务点等都属于公共文化服务机构。《公共文化服务保障法》第 10 条明确规定："国家鼓励和支持公共文化服务与学校教育相结合，充分发挥公共文化服务的社会教育功能，提高青少年思想道德和科学文化素质。"在实践中，有些省市已经开始探索公共文化服务机构与教育机构开展深度合作的馆校融合模式，促进富有特色的公共文化服务系统融入当地学校教育中，在充分发挥公共文化机构的服务学校教育作用的同时，助力"双减"政策的有效落地。

《家庭教育促进法》第 46 条第 1 款规定："图书馆、博物馆、文化馆、纪念馆、美术馆、科技馆、体育场馆、青少年宫、儿童活动中心等公共文化服务机构和爱国主义教育基地每年应当定期开展公益性家庭教育宣传、家庭教育指导服务和实践活动，开发家庭教育类公共文化服务产品。"这就对公共文化服务机构有效服务家庭教育提出明确要求。公共文化服务机构等应当多措并举，实现公共文化资源与家庭需求的有效互动，为家庭教育提供指导服务，助力家庭教育发展。

（二）新闻媒体

《家庭教育促进法》第46条第2款规定："广播、电视、报刊、互联网等新闻媒体应当宣传正确的家庭教育知识，传播科学的家庭教育理念和方法，营造重视家庭教育的良好社会氛围。"广大新闻媒体是推动家庭教育发展的重要力量，是宣传正确的家庭教育知识、传播家庭教育理念方法的一个重要阵地。在家庭教育指导服务工作中，新闻媒体应当利用传播优势，承担应有的社会责任，为全社会形成重视家庭教育的良好氛围而努力。这就要求，报纸、电台、电视、网络等新闻媒体要充分认识做好家庭教育宣传工作的重要性并提高重视程度。大力开展家庭教育政策宣传，引导社会大众充分认识家庭教育对未成年人成长成才的重要性，正确看待家庭教育的科学性、专业性，营造重视家庭教育，共同保护未成年人健康成长的良好氛围。

四、家庭教育服务机构

《家庭教育促进法》第47条规定："家庭教育服务机构应当加强自律管理，制定家庭教育服务规范，组织从业人员培训，提高从业人员的业务素质和能力。"我国省级地方性法规对父母或者其他监护人接受家庭教育机构的指导作出规定，要求父母或者其他监护人学习正确的教育和监护方法，并配合学校做好未成年人教育工作。许多地区在实践中，逐步建立健全家庭教育指导工作管理机制，通过建立中小学（幼儿园）家庭教育指导中心来协调各种社会力量做好中小学（幼儿园）家庭教育指导工作，指导家庭教育服务机构组织开展培训，分层培养家庭教育指导教师，不断提升家庭教育服务机构队伍的水平和质量。

《关于指导推进家庭教育的五年规划（2021—2025年）》明确了推动将家庭教育指导服务纳入城乡社区公共服务、公共文化服务、健康教育服务、儿童友好城市（社区）建设等要求，提出要探索设立家庭教育指导机构；推动县级以上人民政府因地制宜设立家庭教育指导机构，及时向有需求的家庭提供服务，形成有地方特色、有群体适应性的家庭教育指导服务模式。

随着《家庭教育促进法》的正式实施，"家庭教育指导师"逐渐走入大众视野，家庭教育指导师培训和考证纷纷涌现，甚至一度出现家庭教育指导师考证热现象。据报道，目前绝大多数提供家庭教育指导师报名考试的机构对报考者的学历基本没有要求，家庭教育指导师的报考几乎是"零门槛"。而事实上，人力资源和社会保障部公布的《国家职业资格目录（2021年版）》中并不包含家庭教育指导师这一职业资格。这一现象的背后，折射出的仍然是家长的焦虑心态和家庭教育培训市场的不规范。

在实践中，家庭教育指导服务站往往承担着家庭教育指导服务、青少年维权帮教、法治宣传教育、法律咨询和心理疏导等多项功能，重点解决因农村留守儿童居多、教育缺失严重、监护管教不当等带来的突出问题，为广大家庭提供全方位家庭教育指导服务。例如，广西壮族自治区合山市家庭教育指导服务站在村级设立，弥补了农村地区家庭教育短板，有利于促进农村地区家庭教育进一步得到重视和指导服务支持，助推乡村振兴和农村精神文明建设进一步走深走实。

近年来，我国家庭教育指导服务能力持续提升，为未成年人的健康成长营造了良好的社会环境。

五、典型案例

（一）防治家暴需要多方联动

【案情简介】

李某和唐某原为夫妻关系。2008 年，二人协议离婚后，婚生子小唐由其父唐某抚养。从 2012 年开始，唐某多次对小唐实施殴打等家暴行为，致使小唐身上常有伤痕，并产生了自杀的念头。小唐的母亲李某得知后，曾劝说唐某不要殴打小唐，但唐某置若罔闻，甚至威胁李某和小唐，对小唐打骂得更加厉害。李某遂向公安机关报案，并向法院提起诉讼。李某和小唐向法院提出了人身安全保护令的申请，李某同时请求变更小唐的抚养权。法院经审理认为，李某和小唐确实存在遭受家庭暴力或者面临家庭暴力现实危险的情形，李某和小唐的申请符合法律的相关规定。最终依法裁定禁止唐某对李某和小唐实施谩骂、侮辱、威胁和殴打，并中止唐某对小唐监护权和探视权的行使。法院向当事人送达了人身安全保护令，并向警方和社区网格员建议，不定期回访母子二人的生活状况，及时掌握其生活第一手资料，确保其日常生活不再遭受唐某干扰。①

【以案说法】

在现实家庭生活中，很多父母沿用"棍棒底下出孝子""老子打儿子，天经地义"的老观念，教育孩子的方式较为简单、粗暴。上述案例中的唐某以打骂、威胁等教育方式对待小唐，给小唐的身心都造成了创

---

① 案例载广西壮族自治区柳州市柳北区人民法院网，http：//lzlbfy. gxcourt. gov. cn/article/detail/2021/03/id/5905372. shtml，2023 年 3 月 1 日访问。

伤，甚至导致小唐产生了严重的心理问题。鉴于此种情况，法院依法作出人身安全保护令并及时送达。这就形成了法院、派出所、社区等多方联动的合力，将有效防治家庭暴力，为案件中的母子二人拥有安全的生活环境提供了有力保证。

（二）"家庭教育指导师"纳入新版职业分类大典①

【背景介绍】

河北省第十三届人民代表大会代表向河北省人力资源和社会保障厅提出《关于规范家庭教育指导师培训机构，推进〈家庭教育促进法〉落地实施的建议》，并提出家庭教育指导师培训机构等相关问题。

对此，河北省人力资源和社会保障厅作出答复："家庭教育指导师的定义是在各类幼儿园、中小学、早教机构和家庭教育机构中，专门从事家庭教育指导工作的专业人员，其培训工作不在我厅管理的职业技能培训范畴内，其培训机构的设立和管理也不在我厅管理范畴。按照《民办教育促进法》规定'举办实施以职业技能为主的职业资格培训、职业技能培训的民办学校，由县级以上人民政府劳动和社会保障行政部门按照国家规定的权限审批'，人社部门主要负责《国家职业分类大典》中3~6类的职业技能培训机构的设立审批和管理，家庭教育指导师培训机构非人社部门审批事项范围。"②

【以案说法】

随着《家庭教育促进法》的进一步深入实施，家庭教育越来越受到

---

① 2022年7月，家庭教育指导师被纳入《中华人民共和国职业分类大典（2022年版）》，参见《关于对〈中华人民共和国职业分类大典（2022年版）〉（公示稿）进行公示的公告》，载人力资源和社会保障部网站，http：//www. mohrss. gov. cn/xxgk2020/fdzdgknr/jcgk/zqyj/202207/t20220712_457477. html，2023年1月4日访问。

② 《对河北省第十三届人民代表大会第五次会议第1375号建议的答复》，载河北人社网，https：//rst. hebei. gov. cn/a/zhengce/jyta/jianyi/2022/0517/11854. html，2022年7月10日访问。

重视，家庭教育指导师培训也逐渐兴起。在现实中，有些培训机构以可以颁发家庭教育指导培训师证书为由，进行不实宣传，夸大证书效力为上岗必备等，以此招募学员报名培训。值得注意的是，家庭教育指导师属于专门从事家庭教育指导工作的专业人员，但尚未纳入《国家职业资格目录（2021年版）》，相关主管部门也未颁发或授权颁发"家庭教育指导师"证书。这些家庭教育指导师证书不是职业（执业）资格类证书或职业技能等级证书，而是培训证书。只能证明学员参加过培训学习，不是上岗必备证书或其他职业技能等级证书。此外，根据教育部校外教育培训监管司、人力资源和社会保障部职业能力建设司、全国妇联家庭和儿童工作部在2022年9月28日发出的联合提示，家庭教育指导师不符合《校外培训机构从业人员管理办法（试行）》有关资质要求，不能招用为中小学生校外培训机构教学、教研人员。家庭教育指导服务的对象是成年人，凡是以"家庭教育指导"等名义开展面向中小学生的各类培训活动，均属于违规行为。①

（三）"家庭教育爱心指导站"助力家庭教育指导落地

【案情简介】

小邹自小随父母生活在A省某市，后小邹的母亲因工作变动将其带至B省生活、上学，小邹父亲仍在A省工作。小邹母亲因工作原因，对小邹的学习、生活关心较少，小邹父亲也只是偶尔电话问候。由于生活习惯等原因，小邹无法很好融入新的生活环境，便开始与社会上的闲散青年接触，时常不回家。2020年5月，14岁的小邹因打架斗殴被公安机关治安处罚。小邹父母未能引起重视，仍疏于对小邹的教育、管理。2021年3月，小邹因与多人打架斗殴，被检察机关以涉嫌寻衅滋事罪提起

---

① 《关于防范以"家庭教育指导师"名义开展违规校外培训的提示》，载教育部网站，http://www.moe.gov.cn/jyb_xwfb/gzdt_gzdt/s5987/202209/t20220929_665942.html，2023年3月1日访问。

公诉。

法院经审理认为，小邹的行为构成寻衅滋事罪，判处有期徒刑一年两个月。在审理过程中，承办法官发现小邹在 B 省生活、学习的时间并不长，对新的生活环境还在适应过程中，小邹的父母因为工作原因，疏于对小邹的管理教育，也缺乏正确实施家庭教育的方法，遂决定向小邹的父母签发《家庭教育令》，责令其限期到"家庭教育爱心指导站"接受家庭教育指导，并联合当地检察院、教委等部门，邀请小邹之前生活的社区的网格员召开谈心会，制订详细计划，共同对小邹的父母进行有针对性的家庭教育指导。[①]

【以案说法】

在本案审理过程中，法院了解到小邹走上犯罪道路的一个重要原因是家庭教育的缺失。基于此，人民法院联合检察、公安、司法、教育等部门，成立了"家庭教育爱心指导站"，借助两地力量，凝聚工作合力，为家庭教育失范的小邹父母进行指导，帮助他们树立家庭教育主体责任意识，积极履行家庭教育职责。跨域家庭教育指导，是落实《家庭教育促进法》的有益探索，展现了人民法院的责任担当。

【相关规定指引】

《未成年人保护法》

第四十三条 居民委员会、村民委员会应当设置专人专岗负责未成年人保护工作，协助政府有关部门宣传未成年人保护方面的法律法规，指导、帮助和监督未成年人的父母或者其他监护人依法履行监护职责，建立留守未成年人、困境未成年人的信息档案并给予关爱帮扶。

居民委员会、村民委员会应当协助政府有关部门监督未成年人委托

[①] 《未成年人权益司法保护典型案例》，载最高人民法院网站，https://www.court.gov.cn/zixun-xian-gqing-347931.html，2022 年 9 月 12 日访问。

照护情况，发现被委托人缺乏照护能力、怠于履行照护职责等情况，应当及时向政府有关部门报告，并告知未成年人的父母或者其他监护人，帮助、督促被委托人履行照护职责。

《人口与计划生育法》

第十一条　人口与计划生育实施方案应当规定调控人口数量，提高人口素质，推动实现适度生育水平，优化人口结构，加强母婴保健和婴幼儿照护服务，促进家庭发展的措施。

第三十条　县级以上各级人民政府应当加强对家庭婴幼儿照护的支持和指导，增强家庭的科学育儿能力。

医疗卫生机构应当按照规定为婴幼儿家庭开展预防接种、疾病防控等服务，提供膳食营养、生长发育等健康指导。

《母婴保健法》

第七条　医疗保健机构应当为公民提供婚前保健服务。

婚前保健服务包括下列内容：

（一）婚前卫生指导：关于性卫生知识、生育知识和遗传病知识的教育；

（二）婚前卫生咨询：对有关婚配、生育保健等问题提供医学意见；

（三）婚前医学检查：对准备结婚的男女双方可能患影响结婚和生育的疾病进行医学检查。

第八条　婚前医学检查包括对下列疾病的检查：

（一）严重遗传性疾病；

（二）指定传染病；

（三）有关精神病。

经婚前医学检查，医疗保健机构应当出具婚前医学检查证明。

第十四条　医疗保健机构应当为育龄妇女和孕产妇提供孕产期保健

服务。

孕产期保健服务包括下列内容：

（一）母婴保健指导：对孕育健康后代以及严重遗传性疾病和碘缺乏病等地方病的发病原因、治疗和预防方法提供医学意见；

（二）孕妇、产妇保健：为孕妇、产妇提供卫生、营养、心理等方面的咨询和指导以及产前定期检查等医疗保健服务；

（三）胎儿保健：为胎儿生长发育进行监护，提供咨询和医学指导；

（四）新生儿保健：为新生儿生长发育、哺乳和护理提供医疗保健服务。

第二十四条　医疗保健机构为产妇提供科学育儿、合理营养和母乳喂养的指导。

医疗保健机构对婴儿进行体格检查和预防接种，逐步开展新生儿疾病筛查、婴儿多发病和常见病防治等医疗保健服务。

《国务院关于印发中国妇女发展纲要和中国儿童发展纲要的通知（2021）》

2. 加强妇幼健康服务体系建设。健全以妇幼保健机构为核心、以基层医疗卫生机构为基础、以大中型医院和教学科研机构为支撑的妇幼健康服务网络，提升妇幼健康服务供给能力和水平。省、市、县级充分利用现有资源，加强政府举办、标准化的妇幼保健机构建设，全面开展妇幼保健机构绩效考核，强化考核结果应用，保障妇女儿童享有高质量的医疗保健服务。省、市、县级依托现有医疗机构，全面加强危重孕产妇救治中心建设，强化危重孕产妇救治保障。强化县、乡、村三级妇幼卫生服务网络建设，完善基层网底和转诊网络。加强复合型妇幼健康人才和产科、助产等岗位急需紧缺人才的培养使用。

……

2. 完善儿童健康服务体系。构建国家、区域、省、市、县级儿童医疗保健服务网络，以妇幼保健机构、儿童医院和综合医院儿科为重点，统筹规划和配置区域内儿童健康服务资源。省、市、县级均各设置 1 所政府举办、标准化的妇幼保健机构，每千名儿童拥有儿科执业（助理）医生达到 1.12 名、床位增至 3.17 张。建立完善以区县妇幼保健机构为龙头，乡镇卫生院、社区卫生服务中心为枢纽，村卫生室为基础的基层儿童保健服务网络，每所乡镇卫生院、社区卫生服务中心至少配备 1 名提供规范儿童基本医疗服务的全科医生，至少配备 2 名专业从事儿童保健的医生。完善儿童急救体系。加快儿童医学人才培养，提高全科医生的儿科和儿童保健专业技能，提高儿科医务人员薪酬待遇。

教育部等十三部门《关于健全学校家庭社会协同育人机制的意见》

10. 完善社会家庭教育服务体系。将家庭教育指导作为城乡社区公共服务重要内容，积极构建普惠性家庭教育公共服务体系。支持居民委员会、村民委员会依托城乡社区公共服务设施，建设覆盖城乡社区的家长学校等家庭教育指导服务站点，积极配备专兼结合的专业指导人员，配合家庭教育指导机构有针对性地做好指导服务，重点关注留守儿童、残疾儿童和特殊家庭儿童。婚姻登记机构和收养登记机构应通过现场咨询辅导、播放宣传教育片等形式，向当事人宣传家庭教育知识。公共文化服务机构每年要定期开展公益性家庭教育宣传与指导服务活动。开放大学、老年大学、社区学院等单位应设立家庭教育指导课程，积极发挥指导作用。

▶ **第十讲**

相关法律责任

　　《家庭教育促进法》第五章设专章规定了相关主体的法律责任，主要针对的是相关主体在实施家庭教育或协助配合实施家庭教育时所发生的违法行为。法律责任分为民事责任、行政责任和刑事责任三类。就同一违法行为而言，相关主体依法可能应当同时承担民事责任、行政责任和刑事责任。在家庭教育中，当违法行为违反相关行政法时，根据责任法定原则，应当承担相应的行政责任；当违法行为触犯刑法时，根据罪刑法定原则，应当承担相应的刑事责任。

一、行政责任

　　行政责任是指行政法律关系的主体因违反行政法律规范或不履行行政法律义务，依法应承担的行政法律后果。在家庭教育领域，行政法律关系主体主要有负有家庭教育工作职责的政府部门或者机构、家庭教育指导机构、中小学校、幼儿园、婴幼儿照护服务机构、早期教育服务机构和家庭教育服务机构等。这些主体如果存在违反《家庭教育促进法》相关规定的行为，应当承担的行政责任主要有：对直接负责的主管人员和其他直接责任人员依法予以处分，责令停业整顿、吊销营业执照或者撤销登记，治安管理处罚等。

（一）责令限期改正

《家庭教育促进法》第 50 条、第 51 条和第 52 条分别对负有家庭教育工作职责的政府部门或机构，家庭教育指导机构、中小学校、幼儿园、婴幼儿照护服务机构、早期教育服务机构，以及家庭教育服务机构的一般违法行为所应承担的法律责任进行了规定。

责令限期改正，是指上级机关或者主管单位责令违法行为主体在规定的期限内，停止、整改和纠正违法行为，以恢复原状，维持法定的秩序或者状态。责令限期改正是一种具体行政行为，具有事后救济性。我国现行诸多法律法规及规章中都有关于责令限期改正的规定，旨在恢复理想的法定秩序和法定状态。在司法实践中，责令限期改正具有一定的强制性。无论该违法行为是否受到处罚，违法行为主体首先应当改正其违法行为并消除违法状态，既不能一罚了之，也不能以罚代改。关于责令限期改正的具体期限，应当根据具体违法行为的性质和实际情况合理设定。值得注意的是，设定期限应当合法合理，既不能设定期限过短而致使违法行为主体来不及改正，也不能设定期限过长而导致违法行为或违法状态持续较长时间。

1. 负有家庭教育工作职责的政府部门或者机构的违法行为及法律责任

负有家庭教育工作职责的政府部门或者机构应当依照法律、行政法规规定的权限和程序等履行职责，不得怠于履行或者超越法定权限范围履行职责。根据《家庭教育促进法》第 50 条的规定，负有家庭教育工作职责的政府部门、机构不履行家庭教育工作职责，截留、挤占、挪用或者虚报、冒领家庭教育工作经费或者存在其他滥用职权、玩忽职守或者徇私舞弊的情形时，由其上级机关或者主管单位责令限期改正。

该条所规定的"不履行家庭教育工作职责"的违法行为，是指负有家庭教育工作职责的政府部门、机构应当履行《家庭教育促进法》第三章所规定的家庭教育工作职责，而不履行相应职责的行为。有关部门这些违法行为属于不作为，需要依据本条进行处理的前提是未履行家庭教育工作职责。实施的主体是上级机关或者主管单位。

根据《家庭教育促进法》第 7 条的规定，县级以上人民政府应当制定家庭教育工作专项规划，将家庭教育指导服务纳入城乡公共服务体系和政府购买服务目录，将相关经费列入财政预算，鼓励和支持以政府购买服务的方式提供家庭教育指导。《家庭教育促进法》第 50 条所规定的对家庭教育工作经费进行截留、挤占、挪用或者虚报、冒领的违法情形，主要是指负有家庭教育工作职责的政府部门、机构对上述第 7 条规定的相关经费进行截留、挤占、挪用或者虚报、冒领的违法行为。

《家庭教育促进法》第 50 条进一步明确了负有家庭教育工作职责的政府部门、机构的渎职的法律责任。具体而言，这些渎职行为包括其他滥用职权、玩忽职守或者徇私舞弊的行为。（1）滥用职权行为。行政法上的滥用职权行为，是指国家行政机关或者经法律法规授权的其他组织故意逾越职权，不按或违反法律决定、处理其无权决定、处理的事项，或者违反规定处理公务的行为。这是一种积极主动的行政违法行为，而非消极的不作为。（2）玩忽职守行为。玩忽职守行为是指国家机关工作人员对本职工作不负责任，不遵纪守法，违反规章制度，不履行或者不认真履行应尽的职责义务的行为。（3）徇私舞弊行为。徇私舞弊行为是指国家工作人员利用职务上的便利和权力，为徇个人私情或牟取私利，置国家和人民利益于不顾，不秉公执法，故意违反事实和法律，作出枉法处理或枉法决定，或者利用职务包庇、隐瞒、掩饰违法行为的情形。上述三种行为均是违法行为主体所实施的尚未构成犯罪的行政违法行为。依据《家庭教育促进法》第50条的规定，负有家庭教育工作职责的政府部门或者机构玩忽职守、滥用职权、徇私舞弊，应当由其上级机关或者主管单位责令限期改正。

2. 家庭教育指导机构、中小学校、幼儿园、婴幼儿照护服务机构、早期教育服务机构的违法行为与法律责任

根据《家庭教育促进法》第51条的规定，家庭教育指导机构、中小学校、幼儿园、婴幼儿照护服务机构、早期教育服务机构违反本法规定，不履行或者不正确履行家庭教育指导服务职责的，由主管部门责令限期改正。该条中的相关单位或者机构，均属于政府设立。当出现违法行为时，作出责令限期改正的主体是这些单位或者机构的主管部门。在适用时，这些单位或者机构不履行相关义务，或者不正确履行相关义务，都将承担相应的法律责任。

3. 家庭教育服务机构的违法行为与法律责任

家庭教育指导服务是公共服务中不可或缺的一环。家庭教育服务机构作为专门从事家庭教育服务的社会组织，其通过提供优质的家庭教育指导服务，宣传普及科学教育理念，助力家长树立正确的家庭教育观念，营造积极健康的教育生态。《家庭教育促进法》明确了家庭教育服务机构的非营利性质。不应将其范围泛化。其性质应该为非营利性机构，但应避免重走少年宫等公共服务机构的老路，成为低价低质的"鸡肋"。

虽然我国各地相继成立了一些中小学校家长学校、社区（村）家长

学校和网络家长学校，但仍存在覆盖不足的问题，有的只是挂牌而没有运营。因此，设立体系化、网络化的家庭教育服务机构，建立各级各地普遍设立的公共服务网络势在必行。

《家庭教育促进法》第 28 条第 2 款、第 29 条、第 31 条、第 39 条、第 41~44 条对家庭教育指导机构的职责和任务进行了规定。根据《家庭教育促进法》第 52 条的规定，家庭教育服务机构存在以下三种情况之一，即未依法办理设立手续；从事超出许可业务范围的行为或作虚假、引人误解宣传，产生不良后果；侵犯未成年人及其父母或者其他监护人合法权益时，由主管部门责令限期改正。具体而言，要把握以下三个方面。

一是对非法设立的处罚。根据《家庭教育促进法》第 36 条的规定，自然人、法人和非法人组织均可以依法设立非营利性家庭教育服务机构。值得注意的是，依法设立非营利性家庭教育服务机构，需要办理相关手续。如果家庭教育服务机构未依法办理设立手续，则由主管部门责令限期改正。

二是对家庭教育服务机构超出许可业务范围的行为的处罚。家庭教育服务机构开展家庭教育指导服务活动，不得组织或者变相组织营利性教育培训。按照法律规定，提供亲子课程的市场机构、提供家长教育的营利性早教机构、校外培训机构等并不属于家庭教育服务机构的范围。按照法律规定，县级以上地方人民政府及有关部门可以采取政府补贴、奖励激励、购买服务等扶持措施，培育家庭教育服务机构。教育、民政、卫生健康、市场监督管理等有关部门应当在各自职责范围内，依法对家庭教育服务机构及从业人员进行指导和监督。家庭教育服务机构应当加强自律管理，制定家庭教育服务规范，组织从业人员培训并提高从业人员的业务素质和能力。如果家庭教育服务机构从事超出许可业务范围的行为或作虚假、引人误解宣传，产生不良后果，则由主管部门责令限期改正。

（二）对直接负责的主管人员和其他直接责任人员依法予以处分

《家庭教育促进法》第50条、第51条分别对负有家庭教育工作职责的政府部门或机构，家庭教育指导机构、中小学校、幼儿园、婴幼儿照护服务机构、早期教育服务机构的严重违法行为所应承担的法律责任进行了规定。

根据《家庭教育促进法》第50条规定，当负有家庭教育工作职责的政府部门、机构存在情节严重的违法行为时，应对直接负责的主管人员和其他直接责任人员依法予以处分。政府部门或者机构不履行相关家庭教育指导义务，应当承担相应的责任。因单位的行为是通过有实际行为能力、执行能力的具体人员来实施的，所以，对有关人员应当追究法律责任。这里所指的直接负责的主管人员，是指在单位违法行为中负有直接领导责任的人员，包括违法行为的决策人，事后对单位违法行为予以认可和支持的领导人员，以及由于疏于管理或者放任而对单位违法行为负有不可推卸的责任的领导人员。这里所说的其他直接责任人员是指应当履行《家庭教育促进法》第三章所规定的工作职责而没有履行的人员，即直接违法的人员。根据《公务员法》《监察法》的相关规定，处分包括警告、记过、记大过、降级、撤职、开除六种形式。

根据《家庭教育促进法》第51条规定，家庭教育指导机构、中小学校、幼儿园、婴幼儿照护服务机构、早期教育服务机构违反本法规定，不履行或者不正确履行家庭教育指导服务职责情节严重的，对直接负责的主管人员和其他直接责任人员依法予以处分。

（三）责令停业整顿、吊销营业执照或者撤销登记

责令停业整顿、吊销营业执照或者撤销登记是行政处罚的措施。

《家庭教育促进法》第52条对家庭教育服务机构拒不改正违法行为或者违法行为情节严重的情况作出规定，由主管部门责令停业整顿、吊销营业执照或者撤销登记。

一是未依法办理设立手续。本法规定，自然人、法人和非法人组织可以依法设立非营利性家庭教育服务机构。国家鼓励设立非营利性家庭教育服务机构，同时也未禁止设立营利性家庭教育服务机构。设立非营利性家庭教育机构，需要到民政部门办理相关手续；依法设立营利性家庭教育机构，需要到市场监管部门依法登记办理相关手续。如果未依法办理设立手续，就属于本条规定的违法行为。

二是从事超出许可业务范围的行为或者作虚假、引人误解宣传产生不良后果。家庭教育服务机构从事的行为不得超出许可业务范围，如果从事超出许可业务范围的行为，属于本条规定的违法行为。

（四）治安管理处罚

《家庭教育促进法》第54条对在家庭教育领域构成违反治安管理的行为进行了兜底性规定。

治安管理处罚，是指对扰乱社会秩序，妨害公共安全，侵犯公民人身权利，侵犯公私财产，妨害社会管理，情节轻微尚不够刑事处罚的违法行为，由公安机关依照治安管理处罚法的规定，给予治安管理处罚。目的是维护社会治安秩序，保障公共安全，保护公民、法人和其他组织的合法权益。治安管理处罚包括警告、罚款、行政拘留以及吊销公安机关发放的许可证等。

对违反《家庭教育促进法》规定的行为，可能构成违反《治安管理处罚法》而应当给予治安管理处罚的情形主要包括：

（1）违反《治安管理处罚法》第 27 条的规定，组织、教唆、胁迫、诱骗、煽动未成年人从事邪教、会道门活动或者利用邪教、会道门、迷信活动，扰乱社会秩序、损害未成年人身体健康的；冒用宗教、气功名义进行扰乱社会秩序、损害未成年人身体健康活动的，处 10 日以上 15 日以下拘留，可以并处 1000 元以下罚款；情节较轻的，处 5 日以上 10 日以下拘留，可以并处 500 元以下罚款。

（2）违反《治安管理处罚法》第 40 条的规定，组织、胁迫、诱骗不满 16 周岁的人或者残疾人进行恐怖、残忍表演的，以暴力、威胁或者其他手段强迫未成年人劳动的；非法限制未成年人人身自由、非法侵入未成年人住宅或者非法搜查未成年人身体的，处 10 日以上 15 日以下拘留，并处 500 元以上 1000 元以下罚款；情节较轻的，处 5 日以上 10 日以下拘留，并处 200 元以上 500 元以下罚款。

（3）违反《治安管理处罚法》第 41 条的规定，胁迫、诱骗或者利用未成年人乞讨的，处 10 日以上 15 日以下拘留，可以并处 1000 元以下罚款。

（4）违反《治安管理处罚法》第 42 条的规定，写恐吓信或者以其他方法威胁未成年人人身安全的；公然侮辱未成年人或者捏造事实诽谤未成年人的；捏造事实诬告陷害未成年人，企图使其受到刑事追究或者受到治安管理处罚的；多次发送淫秽、侮辱、恐吓或者其他信息干扰未成年人正常生活的；偷窥、偷拍、窃听、散布未成年人隐私的，处 5 日以下拘留或者 500 元以下罚款；情节较重的，处 5 日以上 10 日以下拘留，可以并处 500 元以下罚款。

（5）违反《治安管理处罚法》第 43 条的规定，殴打未成年人的，或者故意伤害未成年人身体的，处 5 日以上 10 日以下拘留，并处 200

元以上 500 元以下罚款；情节较轻的，处 5 日以下拘留或者 500 元以下罚款。殴打、伤害不满 14 周岁的未成年人，处 10 日以上 15 日以下拘留，并处 500 元以上 1000 元以下罚款。

（6）违反《治安管理处罚法》第 44 条的规定，猥亵未成年人的，处 5 日以上 10 日以下拘留。猥亵不满 14 周岁的未成年人的，处 10 日以上 15 日以下拘留。

（7）违反《治安管理处罚法》第 45 条的规定，虐待未成年人且未成年人要求处理的；遗弃没有独立生活能力的未成年人的，处 5 日以下拘留或者警告。

出现上述情形将由公安机关依法予以治安管理处罚。

二、刑事责任

刑事责任，是指行为人因实施犯罪行为，按刑法的规定应当追究其法律责任，包括主刑和附加刑两种刑事责任。主刑分为管制、拘役、有期徒刑、无期徒刑和死刑。附加刑分为罚金、剥夺政治权利、没收财产。对违反本法规定的行为，可能构成犯罪，应当依照刑法追究刑事责任的情形包括：

《家庭教育促进法》第 54 条是一个兜底性条款，对于违反本法规定而构成犯罪的，要依法追究刑事责任。在家庭教育领域，刑事责任主要有因故意伤害、非法拘禁、侮辱、诽谤等侵害他人人身权益所应承担的法律责任。

（一）有关人身伤害所应承担的法律责任

1. 故意伤害罪

故意伤害罪是指故意伤害他人身体，致人重伤，或者致人死亡，或者以特别残忍的手段致人重伤造成严重残疾的行为。《刑法》第 234 条规定："故意伤害他人身体的，处三年以下有期徒刑、拘役或者管制。犯前款罪，致人重伤的，处三年以上十年以下有期徒刑；致人死亡或者以特别残忍手段致人重伤造成严重残疾的，处十年以上有期徒刑、无期徒刑或者死刑。本法另有规定的，依照规定。"

2. 非法拘禁罪

《刑法》第 238 条规定："非法拘禁他人或者以其他方法非法剥夺他人人身自由的，处三年以下有期徒刑、拘役、管制或者剥夺政治权利。具有殴打、侮辱情节的，从重处罚。犯前款罪，致人重伤的，处三年以上十年以下有期徒刑；致人死亡的，处十年以上有期徒刑。使用暴力致人伤残、死亡的，依照本法第二百三十四条、第二百三十二条的规定定罪处罚。为索取债务非法扣押、拘禁他人的，依照前两款的规定处罚。国家机关工作人员利用职权犯前三款罪的，依照前三款的规定从重处罚。"

3. 侮辱罪、诽谤罪

《刑法》第 246 条规定，以暴力或者其他方法公然侮辱他人或者捏造事实诽谤他人，情节严重的，处 3 年以下有期徒刑、拘役、管制或者剥夺政治权利。

4. 虐待罪

《刑法》第 260 条规定，虐待家庭成员，情节恶劣的，处 2 年以下有期徒刑、拘役或者管制。犯前款罪，致使被害人重伤、死亡的，处 2 年以上 7 年以下有期徒刑。该条第一款罪，告诉的才处理，但被害人没有能力告诉，或者因受到强制、威吓无法告诉的除外。

5. 遗弃罪

《刑法》第 261 条规定，对于年老、年幼、患病或者其他没有独立生活能力的人，负有扶养义务而拒绝扶养，情节恶劣的，处 5 年以下有期徒刑、拘役或者管制。

（二）有关职务犯罪所应承担的刑事责任

1. 滥用职权罪

滥用职权罪是指国家机关工作人员故意逾越职权，不按或违反法律决定、处理其无权决定、处理的事项，或者违反规定处理公务，致使侵吞公共财产、国家和人民遭受重大财产损失等行为。

2. 玩忽职守罪

玩忽职守罪是国家机关工作人员对工作严重不负责任，致使公共财产、国家和人民的利益遭受重大损失的行为。

3. 侵犯公民个人信息罪

《刑法》第 253 条之一规定，违反国家有关规定，向他人出售或者提供公民个人信息，情节严重的，处 3 年以下有期徒刑或者拘役，并处或者单处罚金；情节特别严重的，处 3 年以上 7 年以下有期徒刑，并处罚金。

在家庭教育领域，负有家庭教育工作职责的政府部门、机构可能成为滥用职权罪或玩忽职守罪的犯罪主体，当这些部门或机构的工作人员故意逾越职权，违反法律决定、处理其无权决定、处理的事项，或者违反规定处理公务，致使侵吞公共财产、国家和人民遭受重大财产损失，或者对工作严重不负责任，致使公共财产、国家和人民的利益遭受重大损失，都将受到刑罚的制裁。

三、实施家庭暴力所应承担的法律责任

《家庭教育促进法》第 53 条规定："未成年人的父母或者其他监护

人在家庭教育过程中对未成年人实施家庭暴力的，依照《中华人民共和国未成年人保护法》、《中华人民共和国反家庭暴力法》等法律的规定追究法律责任。"

根据《未成年人保护法》的规定，未成年人的父母或者其他监护人不得对未成年人实施家庭暴力，违反该法规定，侵犯未成年人合法权益，造成人身、财产或者其他损害的，依法承担民事责任。构成违反治安管理行为的，依法给予治安管理处罚；构成犯罪的，依法追究刑事责任。

《反家庭暴力法》第 12 条规定："未成年人的监护人应当以文明的方式进行家庭教育，依法履行监护和教育职责，不得实施家庭暴力。"根据该法第 33 条的规定，加害人实施家庭暴力，构成违反治安管理行为的，依法给予治安管理处罚；构成犯罪的，依法追究刑事责任。

值得注意的是，在家庭教育过程中，未成年人的父母或者其他监护人对未成年人实施家庭暴力，侵犯未成年人合法权益时，人民法院可以根据相关申请，依法撤销监护人资格。未成年人可以要求家庭暴力实施者承担损害赔偿的民事责任。

四、典型案例

（一）未成年人的监护人应当以文明方式进行家庭教育

【案情简介】

郑某（女）与陈某系夫妻关系，二人婚后育有一子小陈。2021 年 10 月，郑某向法院申请人身安全保护令，称其丈夫陈某经常因生活琐事殴打儿子小陈，致使小陈身体多次受伤，并给其造成了严重心理阴影，放学后不敢回家，甚至离家出走等。郑某同时向法院提交了公安机关接处警工作记录、小陈的伤情照片等证据材料。

法院经审理后，作出禁止陈某对小陈实施家庭暴力，禁止陈某骚扰、跟踪、接触、威胁小陈及其相关近亲属，禁止陈某在小陈就读的学校及经常出入的场所 200 米范围内活动等裁定。①

【以案说法】

父母作为未成年子女的法定监护人，负有对其实施家庭教育的法律义务。《反家庭暴力法》第 12 条规定，未成年人的监护人应当以文明的方式进行家庭教育，依法履行监护和教育职责，不得实施家庭暴力。现实生活中，有些父母教育方式简单粗暴，动辄以殴打、责骂的方式对未成年人进行管教，严重损害未成年子女身心健康，触及法律底线。由于大多数未成年人缺乏自我保护的意识和能力，在面对家庭暴力时，多选择隐忍或逃避，身心健康遭受不法侵害。本案中，陈某常因生活琐事殴打儿子小陈，致使小陈产生心理阴影，不敢回家甚至离家出走，是典型的家庭暴力行为。但小陈仅有 9 岁，无法凭借自身能力维权。依照《反家庭暴力法》的规定，未成年人的其他监护人、近亲属或学校、公安机关、妇女联合会、居（村）民委员会、救助管理机构等职能部门可对其提供帮助。最终小陈的母亲郑某作为其法定监护人帮助小陈向法院申请了人身安全保护令。

发现是预防、制止家庭暴力的前提。全社会要加强《反家庭暴力法》《未成年人保护法》的宣传教育，提高未成年人依法维权意识，同时注重家庭、学校、幼儿园协同，及时发现并制止对未成年人的家庭暴力，为未成年人的健康成长构筑起一道坚实可靠的"保护墙"。

（二）直接抚养未成年子女方应积极配合
未直接抚养方履行家庭教育责任

【案情简介】

2013 年 7 月，蔡某与邓某经人民法院调解离婚。婚生子小蔡

---

① 《湖北法院妇女儿童权益司法保护十大典型案例》，载湖北高院微信公众号，https：//mp. weixin. qq. com/s/PsKJN7XZwgG9axxJ0ng9UA，2022 年 10 月 5 日访问。

（2008 年 5 月出生）由其父蔡某直接抚养，其母邓某每月支付抚养费 200 元至小蔡年满 18 周岁。后蔡某以邓某学历低、未按时支付抚养费且个人私生活对孩子造成不良影响为由，请求人民法院判决邓某探望孩子必须征得其同意，不得离开其视线，且不得将孩子带到邓某新组建的家庭。庭审中，邓某举示了转账记录、照片等证据，拟证明其按时给付了抚养费，且母子关系较好。

人民法院经审理认为，不直接抚养子女的一方有探望子女的权利，另一方有协助的义务。蔡某设置苛刻条件限制邓某探望孩子，既妨碍了邓某的探望权，也影响了孩子对母爱的需求，故对其诉讼请求不予支持。[①]

【以案说法】

《家庭教育促进法》第 20 条规定："未成年人的父母分居或者离异的，应当相互配合履行家庭教育责任，任何一方不得拒绝或者怠于履行；除法律另有规定外，不得阻碍另一方实施家庭教育。"探望权是父母基于对子女的亲权而享有的法定权利。在家庭教育中，不能把父母或者其他监护人的学历高低作为衡量其人品和教育子女水平的唯一标准。本案中，邓某作为小蔡的母亲，依法享有探望权。其作为未直接抚养子女一方，行使探望权是履行家庭教育责任的一种重要方式，也是关心关爱小蔡健康成长的体现。蔡某作为直接抚养子女的一方，应当积极创造条件，促进小蔡与其母亲邓某的情感交流，共同促进小蔡的身心健康成长。

（三）未成年人的受教育权应当得到保护

【案情简介】

2018 年 9 月，小徐（2010 年出生）的母亲徐某向 Y 小学提出将小徐从该校转出的申请，但小徐的电子学籍未转走，小徐于 2019 年 6 月

---

① 蔡某诉邓某抚养费纠纷案，载重庆江津法院微信公众号，https://mp.weixin.qq.com/s/bypEPl7i_CaPjpR3NCU-uQ，2022 年 11 月 12 日访问。

20 日开始疑似辍学。

2019 年 5 月至 7 月，Y 小学的老师多次对小徐进行家访，均无果。2019 年 11 月，M 街道办事处向徐某发出限期复学通知书、告知书，告知徐某自本通知书送达之日起 7 日内，将小徐送回 Y 小学三年级就学。上述通知书、告知书均留置送达。

庭审中，证人证实小徐辍学期间由黄某、李某、舒某、殷某在黄某的住处对小徐进行家庭教育，自 2019 年 7 月起不再对小徐进行家庭教育。徐某确认小徐自 2020 年 3 月起，在四川绵阳接受家庭教育。

人民法院经审理认为，根据《义务教育法》第 5 条第 1 款、第 12 条第 1 款、第 13 条第 1 款及《地方各级人民代表大会和地方各级人民政府组织法》第 68 条第 3 款的规定，小徐、徐某均系 M 街道办事处管辖区域内的居民，小徐属于接受义务教育的适龄儿童，M 街道办事处作为区人民政府的派出机构，有义务保障小徐接受义务教育。小徐依法享有平等接受义务教育的权利，也应当履行接受义务教育的义务。适龄儿童、少年接受并完成义务教育的方式是入学，并不包括在家接受教育。徐某作为小徐母亲，亦是其法定监护人，有履行监护职责保证小徐按时入学接受并完成义务教育的义务，如果未尽到该义务，即侵犯了小徐接受并完成义务教育的权利。徐某曾将小徐送到黄某的住处对小徐进行家庭教育，但黄某并没有在教育机构进行登记并取得办学资格，不具备依法实施义务教育的条件和资质，小徐在家接受教育亦不符合法律规定的接受并完成义务教育的要求，故 M 街道办事处请求徐某将小徐送到有教育资质的 Y 小学接受并完成义务教育，有事实及法律依据，应予支持。据此，判决徐某于本判决发生法律效力之日起 3 个月内将其女儿小徐送到 Y 小学继续接受并完成义务教育。①

---

① 谭庆华、杨钉：《受教育权的性质及其保护》，载《人民司法》2022 年第 2 期。

【以案说法】

不让义务教育阶段的子女上学主要表现为不作为形式的侵权。本案中的徐某不让受教育权人小徐上学以及在家上学，是侵犯子女受教育权人格利益的行为。侵犯受教育权所应承担的主要是民事责任，责任形式包括停止侵害、排除妨碍、消除危险、消除影响、恢复名誉、赔礼道歉等。就本案而言，徐某应当立即停止侵害小徐受教育权的行为，将小徐送到 Y 小学继续接受并完成义务教育。

【相关规定指引】

《刑法》

第二百三十四条　故意伤害他人身体的，处三年以下有期徒刑、拘役或者管制。

犯前款罪，致人重伤的，处三年以上十年以下有期徒刑；致人死亡或者以特别残忍手段致人重伤造成严重残疾的，处十年以上有期徒刑、无期徒刑或者死刑。本法另有规定的，依照规定。

第二百三十八条　非法拘禁他人或者以其他方法非法剥夺他人人身自由的，处三年以下有期徒刑、拘役、管制或者剥夺政治权利。具有殴打、侮辱情节的，从重处罚。

犯前款罪，致人重伤的，处三年以上十年以下有期徒刑；致人死亡的，处十年以上有期徒刑。使用暴力致人伤残、死亡的，依照本法第二百三十四条、第二百三十二条的规定定罪处罚。

为索取债务非法扣押、拘禁他人的，依照前两款的规定处罚。

国家机关工作人员利用职权犯前三款罪的，依照前三款的规定从重处罚。

第二百四十六条　以暴力或者其他方法公然侮辱他人或者捏造事实诽谤他人，情节严重的，处三年以下有期徒刑、拘役、管制或者剥夺政治权利。

前款罪，告诉的才处理，但是严重危害社会秩序和国家利益的除外。

通过信息网络实施第一款规定的行为，被害人向人民法院告诉，但提供证据确有困难的，人民法院可以要求公安机关提供协助。

第二百五十三条之一　违反国家有关规定，向他人出售或者提供公民个人信息，情节严重的，处三年以下有期徒刑或者拘役，并处或者单处罚金；情节特别严重的，处三年以上七年以下有期徒刑，并处罚金。

违反国家有关规定，将在履行职责或者提供服务过程中获得的公民个人信息，出售或者提供给他人的，依照前款的规定从重处罚。

窃取或者以其他方法非法获取公民个人信息的，依照第一款的规定处罚。

单位犯前三款罪的，对单位判处罚金，并对其直接负责的主管人员和其他直接责任人员，依照各该款的规定处罚。

第二百六十条　虐待家庭成员，情节恶劣的，处二年以下有期徒刑、拘役或者管制。

犯前款罪，致使被害人重伤、死亡的，处二年以上七年以下有期徒刑。

第一款罪，告诉的才处理，但被害人没有能力告诉，或者因受到强制、威吓无法告诉的除外。

第三百九十七条　国家机关工作人员滥用职权或者玩忽职守，致使公共财产、国家和人民利益遭受重大损失的，处三年以下有期徒刑或者拘役；情节特别严重的，处三年以上七年以下有期徒刑。本法另有规定的，依照规定。

国家机关工作人员徇私舞弊，犯前款罪的，处五年以下有期徒刑或者拘役；情节特别严重的，处五年以上十年以下有期徒刑。本法另有规定的，依照规定。

《行政处罚法》

第九条　行政处罚的种类：

（一）警告、通报批评；

（二）罚款、没收违法所得、没收非法财物；

（三）暂扣许可证件、降低资质等级、吊销许可证件；

（四）限制开展生产经营活动、责令停产停业、责令关闭、限制从业；

（五）行政拘留；

（六）法律、行政法规规定的其他行政处罚。

《治安管理处罚法》

第四十条　有下列行为之一的，处十日以上十五日以下拘留，并处五百元以上一千元以下罚款；情节较轻的，处五日以上十日以下拘留，并处二百元以上五百元以下罚款：

（一）组织、胁迫、诱骗不满十六周岁的人或者残疾人进行恐怖、残忍表演的；

（二）以暴力、威胁或者其他手段强迫他人劳动的；

（三）非法限制他人人身自由、非法侵入他人住宅或者非法搜查他人身体的。

第四十一条　胁迫、诱骗或者利用他人乞讨的，处十日以上十五日以下拘留，可以并处一千元以下罚款。

反复纠缠、强行讨要或者以其他滋扰他人的方式乞讨的，处五日以下拘留或者警告。

第四十三条　殴打他人的，或者故意伤害他人身体的，处五日以上十日以下拘留，并处二百元以上五百元以下罚款；情节较轻的，处五日以下拘留或者五百元以下罚款。

有下列情形之一的，处十日以上十五日以下拘留，并处五百元以上一千元以下罚款：

（一）结伙殴打、伤害他人的；

（二）殴打、伤害残疾人、孕妇、不满十四周岁的人或者六十周岁以上的人的；

（三）多次殴打、伤害他人或者一次殴打、伤害多人的。

第四十五条　有下列行为之一的，处五日以下拘留或者警告：

（一）虐待家庭成员，被虐待人要求处理的；

（二）遗弃没有独立生活能力的被扶养人的。

《未成年人保护法》

第一百零七条　人民法院审理继承案件，应当依法保护未成年人的继承权和受遗赠权。

人民法院审理离婚案件，涉及未成年子女抚养问题的，应当尊重已满八周岁未成年子女的真实意愿，根据双方具体情况，按照最有利于未成年子女的原则依法处理。

第一百零八条　未成年人的父母或者其他监护人不依法履行监护职责或者严重侵犯被监护的未成年人合法权益的，人民法院可以根据有关人员或者单位的申请，依法作出人身安全保护令或者撤销监护人资格。

被撤销监护人资格的父母或者其他监护人应当依法继续负担抚养费用。

第一百零九条　人民法院审理离婚、抚养、收养、监护、探望等案件涉及未成年人的，可以自行或者委托社会组织对未成年人的相关情况进行社会调查。

第一百二十九条第一款　违反本法规定，侵犯未成年人合法权益，造成人身、财产或者其他损害的，依法承担民事责任。

《民法典》

第三十五条第一款　监护人应当按照最有利于被监护人的原则履行监护职责。监护人除为维护被监护人利益外，不得处分被监护人的财产。

第三十五条第二款　未成年人的监护人履行监护职责，在作出与被监护人利益有关的决定时，应当根据被监护人的年龄和智力状况，尊重被监护人的真实意愿。

第三十六条　监护人有下列情形之一的，人民法院根据有关个人或者组织的申请，撤销其监护人资格，安排必要的临时监护措施，并按照最有利于被监护人的原则依法指定监护人：

（一）实施严重损害被监护人身心健康的行为；

（二）怠于履行监护职责，或者无法履行监护职责且拒绝将监护职责部分或者全部委托给他人，导致被监护人处于危困状态；

（三）实施严重侵害被监护人合法权益的其他行为。

本条规定的有关个人、组织包括：其他依法具有监护资格的人，居民委员会、村民委员会、学校、医疗机构、妇女联合会、残疾人联合会、未成年人保护组织、依法设立的老年人组织、民政部门等。

前款规定的个人和民政部门以外的组织未及时向人民法院申请撤销监护人资格的，民政部门应当向人民法院申请。

第三十七条　依法负担被监护人抚养费、赡养费、扶养费的父母、子女、配偶等，被人民法院撤销监护人资格后，应当继续履行负担的义务。

第一千一百七十九条　侵害他人造成人身损害的，应当赔偿医疗费、护理费、交通费、营养费、住院伙食补助费等为治疗和康复支出的合理费用，以及因误工减少的收入。造成残疾的，还应当赔偿辅助器具费和残疾赔偿金；造成死亡的，还应当赔偿丧葬费和死亡赔偿金。

第一千一百八十二条　侵害他人人身权益造成财产损失的，按照被侵权人因此受到的损失或者侵权人因此获得的利益赔偿；被侵权人因此受到的损失以及侵权人因此获得的利益难以确定，被侵权人和侵权人就赔偿数额协商不一致，向人民法院提起诉讼的，由人民法院根据实际情况确定赔偿数额。

第一千一百八十三条　侵害自然人人身权益造成严重精神损害的，被侵权人有权请求精神损害赔偿。

因故意或者重大过失侵害自然人具有人身意义的特定物造成严重精神损害的，被侵权人有权请求精神损害赔偿。

第一千一百八十四条　侵害他人财产的，财产损失按照损失发生时的市场价格或者其他合理方式计算。

▶ **附　录**

中华人民共和国家庭教育促进法

（2021 年 10 月 23 日第十三届全国人民代表大会常务委员会第三十一次会议通过　2021 年 10 月 23 日中华人民共和国主席令第 98 号公布　自 2022 年 1 月 1 日起施行）

第一章　总　则

第一条　为了发扬中华民族重视家庭教育的优良传统，引导全社会注重家庭、家教、家风，增进家庭幸福与社会和谐，培养德智体美劳全面发展的社会主义建设者和接班人，制定本法。

第二条　本法所称家庭教育，是指父母或者其他监护人为促进未成年人全面健康成长，对其实施的道德品质、身体素质、生活技能、文化修养、行为习惯等方面的培育、引导和影响。

第三条　家庭教育以立德树人为根本任务，培育和践行社会主义核心价值观，弘扬中华民族优秀传统文化、革命文化、社会主义先进文化，促进未成年人健康成长。

第四条　未成年人的父母或者其他监护人负责实施家庭教育。

国家和社会为家庭教育提供指导、支持和服务。

国家工作人员应当带头树立良好家风，履行家庭教育责任。

第五条　家庭教育应当符合以下要求：

（一）尊重未成年人身心发展规律和个体差异；

（二）尊重未成年人人格尊严，保护未成年人隐私权和个人信息，保障未成年人合法权益；

（三）遵循家庭教育特点，贯彻科学的家庭教育理念和方法；

（四）家庭教育、学校教育、社会教育紧密结合、协调一致；

（五）结合实际情况采取灵活多样的措施。

第六条　各级人民政府指导家庭教育工作，建立健全家庭学校社会协同育人机制。县级以上人民政府负责妇女儿童工作的机构，组织、协调、指导、督促有关部门做好家庭教育工作。

教育行政部门、妇女联合会统筹协调社会资源，协同推进覆盖城乡的家庭教育指导服务体系建设，并按照职责分工承担家庭教育工作的日常事务。

县级以上精神文明建设部门和县级以上人民政府公安、民政、司法行政、人力资源和社会保障、文化和旅游、卫生健康、市场监督管理、广播电视、体育、新闻出版、网信等有关部门在各自的职责范围内做好家庭教育工作。

第七条　县级以上人民政府应当制定家庭教育工作专项规划，将家庭教育指导服务纳入城乡公共服务体系和政府购买服务目录，将相关经费列入财政预算，鼓励和支持以政府购买服务的方式提供家庭教育指导。

第八条　人民法院、人民检察院发挥职能作用，配合同级人民政府及其有关部门建立家庭教育工作联动机制，共同做好家庭教育工作。

第九条　工会、共产主义青年团、残疾人联合会、科学技术协会、关心下一代工作委员会以及居民委员会、村民委员会等应当结合自身工作，积极开展家庭教育工作，为家庭教育提供社会支持。

第十条　国家鼓励和支持企业事业单位、社会组织及个人依法开展公益性家庭教育服务活动。

第十一条　国家鼓励开展家庭教育研究，鼓励高等学校开设家庭教育专业课程，支持师范院校和有条件的高等学校加强家庭教育学科建设，培养家庭教育服务专业人才，开展家庭教育服务人员培训。

第十二条　国家鼓励和支持自然人、法人和非法人组织为家庭教育事业进行捐赠或者提供志愿服务，对符合条件的，依法给予税收优惠。

国家对在家庭教育工作中做出突出贡献的组织和个人，按照有关规定给予表彰、奖励。

第十三条　每年 5 月 15 日国际家庭日所在周为全国家庭教育宣传周。

第二章　家庭责任

第十四条　父母或者其他监护人应当树立家庭是第一个课堂、家长是第一任老师的责任意识，承担对未成年人实施家庭教育的主体责任，用正确思想、方法和行为教育未成年人养成良好思想、品行和习惯。

共同生活的具有完全民事行为能力的其他家庭成员应当协助和配合未成年人的父母或者其他监护人实施家庭教育。

第十五条　未成年人的父母或者其他监护人及其他家庭成员应当注重家庭建设，培育积极健康的家庭文化，树立和传承优良家风，弘扬中华民族家庭美德，共同构建文明、和睦的家庭关系，为未成年人健康成长营造良好的家庭环境。

第十六条 未成年人的父母或者其他监护人应当针对不同年龄段未成年人的身心发展特点，以下列内容为指引，开展家庭教育：

（一）教育未成年人爱党、爱国、爱人民、爱集体、爱社会主义，树立维护国家统一的观念，铸牢中华民族共同体意识，培养家国情怀；

（二）教育未成年人崇德向善、尊老爱幼、热爱家庭、勤俭节约、团结互助、诚信友爱、遵纪守法，培养其良好社会公德、家庭美德、个人品德意识和法治意识；

（三）帮助未成年人树立正确的成才观，引导其培养广泛兴趣爱好、健康审美追求和良好学习习惯，增强科学探索精神、创新意识和能力；

（四）保证未成年人营养均衡、科学运动、睡眠充足、身心愉悦，引导其养成良好生活习惯和行为习惯，促进其身心健康发展；

（五）关注未成年人心理健康，教导其珍爱生命，对其进行交通出行、健康上网和防欺凌、防溺水、防诈骗、防拐卖、防性侵等方面的安全知识教育，帮助其掌握安全知识和技能，增强其自我保护的意识和能力；

（六）帮助未成年人树立正确的劳动观念，参加力所能及的劳动，提高生活自理能力和独立生活能力，养成吃苦耐劳的优秀品格和热爱劳动的良好习惯。

第十七条 未成年人的父母或者其他监护人实施家庭教育，应当关注未成年人的生理、心理、智力发展状况，尊重其参与相关家庭事务和发表意见的权利，合理运用以下方式方法：

（一）亲自养育，加强亲子陪伴；

（二）共同参与，发挥父母双方的作用；

（三）相机而教，寓教于日常生活之中；

（四）潜移默化，言传与身教相结合；

（五）严慈相济，关心爱护与严格要求并重；

（六）尊重差异，根据年龄和个性特点进行科学引导；

（七）平等交流，予以尊重、理解和鼓励；

（八）相互促进，父母与子女共同成长；

（九）其他有益于未成年人全面发展、健康成长的方式方法。

第十八条　未成年人的父母或者其他监护人应当树立正确的家庭教育理念，自觉学习家庭教育知识，在孕期和未成年人进入婴幼儿照护服务机构、幼儿园、中小学校等重要时段进行有针对性的学习，掌握科学的家庭教育方法，提高家庭教育的能力。

第十九条　未成年人的父母或者其他监护人应当与中小学校、幼儿园、婴幼儿照护服务机构、社区密切配合，积极参加其提供的公益性家庭教育指导和实践活动，共同促进未成年人健康成长。

第二十条　未成年人的父母分居或者离异的，应当相互配合履行家庭教育责任，任何一方不得拒绝或者怠于履行；除法律另有规定外，不得阻碍另一方实施家庭教育。

第二十一条　未成年人的父母或者其他监护人依法委托他人代为照护未成年人的，应当与被委托人、未成年人保持联系，定期了解未成年人学习、生活情况和心理状况，与被委托人共同履行家庭教育责任。

第二十二条　未成年人的父母或者其他监护人应当合理安排未成年人学习、休息、娱乐和体育锻炼的时间，避免加重未成年人学习负担，预防未成年人沉迷网络。

第二十三条　未成年人的父母或者其他监护人不得因性别、身体状

况、智力等歧视未成年人，不得实施家庭暴力，不得胁迫、引诱、教
唆、纵容、利用未成年人从事违反法律法规和社会公德的活动。

第三章　国家支持

第二十四条　国务院应当组织有关部门制定、修订并及时颁布全国
家庭教育指导大纲。

省级人民政府或者有条件的设区的市级人民政府应当组织有关部门
编写或者采用适合当地实际的家庭教育指导读本，制定相应的家庭教育
指导服务工作规范和评估规范。

第二十五条　省级以上人民政府应当组织有关部门统筹建设家庭教
育信息化共享服务平台，开设公益性网上家长学校和网络课程，开通服
务热线，提供线上家庭教育指导服务。

第二十六条　县级以上地方人民政府应当加强监督管理，减轻义务
教育阶段学生作业负担和校外培训负担，畅通学校家庭沟通渠道，推进
学校教育和家庭教育相互配合。

第二十七条　县级以上地方人民政府及有关部门组织建立家庭教育
指导服务专业队伍，加强对专业人员的培养，鼓励社会工作者、志愿者
参与家庭教育指导服务工作。

第二十八条　县级以上地方人民政府可以结合当地实际情况和需
要，通过多种途径和方式确定家庭教育指导机构。

家庭教育指导机构对辖区内社区家长学校、学校家长学校及其他家
庭教育指导服务站点进行指导，同时开展家庭教育研究、服务人员队伍
建设和培训、公共服务产品研发。

第二十九条　家庭教育指导机构应当及时向有需求的家庭提供
服务。

对于父母或者其他监护人履行家庭教育责任存在一定困难的家庭，家庭教育指导机构应当根据具体情况，与相关部门协作配合，提供有针对性的服务。

第三十条　设区的市、县、乡级人民政府应当结合当地实际采取措施，对留守未成年人和困境未成年人家庭建档立卡，提供生活帮扶、创业就业支持等关爱服务，为留守未成年人和困境未成年人的父母或者其他监护人实施家庭教育创造条件。

教育行政部门、妇女联合会应当采取有针对性的措施，为留守未成年人和困境未成年人的父母或者其他监护人实施家庭教育提供服务，引导其积极关注未成年人身心健康状况、加强亲情关爱。

第三十一条　家庭教育指导机构开展家庭教育指导服务活动，不得组织或者变相组织营利性教育培训。

第三十二条　婚姻登记机构和收养登记机构应当通过现场咨询辅导、播放宣传教育片等形式，向办理婚姻登记、收养登记的当事人宣传家庭教育知识，提供家庭教育指导。

第三十三条　儿童福利机构、未成年人救助保护机构应当对本机构安排的寄养家庭、接受救助保护的未成年人的父母或者其他监护人提供家庭教育指导。

第三十四条　人民法院在审理离婚案件时，应当对有未成年子女的夫妻双方提供家庭教育指导。

第三十五条　妇女联合会发挥妇女在弘扬中华民族家庭美德、树立良好家风等方面的独特作用，宣传普及家庭教育知识，通过家庭教育指导机构、社区家长学校、文明家庭建设等多种渠道组织开展家庭教育实践活动，提供家庭教育指导服务。

第三十六条　自然人、法人和非法人组织可以依法设立非营利性家庭教育服务机构。

　　县级以上地方人民政府及有关部门可以采取政府补贴、奖励激励、购买服务等扶持措施，培育家庭教育服务机构。

　　教育、民政、卫生健康、市场监督管理等有关部门应当在各自职责范围内，依法对家庭教育服务机构及从业人员进行指导和监督。

　　第三十七条　国家机关、企业事业单位、群团组织、社会组织应当将家风建设纳入单位文化建设，支持职工参加相关的家庭教育服务活动。

　　文明城市、文明村镇、文明单位、文明社区、文明校园和文明家庭等创建活动，应当将家庭教育情况作为重要内容。

第四章　社会协同

　　第三十八条　居民委员会、村民委员会可以依托城乡社区公共服务设施，设立社区家长学校等家庭教育指导服务站点，配合家庭教育指导机构组织面向居民、村民的家庭教育知识宣传，为未成年人的父母或者其他监护人提供家庭教育指导服务。

　　第三十九条　中小学校、幼儿园应当将家庭教育指导服务纳入工作计划，作为教师业务培训的内容。

　　第四十条　中小学校、幼儿园可以采取建立家长学校等方式，针对不同年龄段未成年人的特点，定期组织公益性家庭教育指导服务和实践活动，并及时联系、督促未成年人的父母或者其他监护人参加。

　　第四十一条　中小学校、幼儿园应当根据家长的需求，邀请有关人员传授家庭教育理念、知识和方法，组织开展家庭教育指导服务和实践活动，促进家庭与学校共同教育。

　　第四十二条　具备条件的中小学校、幼儿园应当在教育行政部门的指导下，为家庭教育指导服务站点开展公益性家庭教育指导服务活动提供支持。

第四十三条　中小学校发现未成年学生严重违反校规校纪的，应当及时制止、管教，告知其父母或者其他监护人，并为其父母或者其他监护人提供有针对性的家庭教育指导服务；发现未成年学生有不良行为或者严重不良行为的，按照有关法律规定处理。

第四十四条　婴幼儿照护服务机构、早期教育服务机构应当为未成年人的父母或者其他监护人提供科学养育指导等家庭教育指导服务。

第四十五条　医疗保健机构在开展婚前保健、孕产期保健、儿童保健、预防接种等服务时，应当对有关成年人、未成年人的父母或者其他监护人开展科学养育知识和婴幼儿早期发展的宣传和指导。

第四十六条　图书馆、博物馆、文化馆、纪念馆、美术馆、科技馆、体育场馆、青少年宫、儿童活动中心等公共文化服务机构和爱国主义教育基地每年应当定期开展公益性家庭教育宣传、家庭教育指导服务和实践活动，开发家庭教育类公共文化服务产品。

广播、电视、报刊、互联网等新闻媒体应当宣传正确的家庭教育知识，传播科学的家庭教育理念和方法，营造重视家庭教育的良好社会氛围。

第四十七条　家庭教育服务机构应当加强自律管理，制定家庭教育服务规范，组织从业人员培训，提高从业人员的业务素质和能力。

第五章　法律责任

第四十八条　未成年人住所地的居民委员会、村民委员会、妇女联合会，未成年人的父母或者其他监护人所在单位，以及中小学校、幼儿园等有关密切接触未成年人的单位，发现父母或者其他监护人拒绝、怠于履行家庭教育责任，或者非法阻碍其他监护人实施家庭教育的，应当予以批评教育、劝诫制止，必要时督促其接受家庭教育指导。

未成年人的父母或者其他监护人依法委托他人代为照护未成年人，有关单位发现被委托人不依法履行家庭教育责任的，适用前款规定。

第四十九条　公安机关、人民检察院、人民法院在办理案件过程中，发现未成年人存在严重不良行为或者实施犯罪行为，或者未成年人的父母或者其他监护人不正确实施家庭教育侵害未成年人合法权益的，根据情况对父母或者其他监护人予以训诫，并可以责令其接受家庭教育指导。

第五十条　负有家庭教育工作职责的政府部门、机构有下列情形之一的，由其上级机关或者主管单位责令限期改正；情节严重的，对直接负责的主管人员和其他直接责任人员依法予以处分：

（一）不履行家庭教育工作职责；

（二）截留、挤占、挪用或者虚报、冒领家庭教育工作经费；

（三）其他滥用职权、玩忽职守或者徇私舞弊的情形。

第五十一条　家庭教育指导机构、中小学校、幼儿园、婴幼儿照护服务机构、早期教育服务机构违反本法规定，不履行或者不正确履行家庭教育指导服务职责的，由主管部门责令限期改正；情节严重的，对直接负责的主管人员和其他直接责任人员依法予以处分。

第五十二条　家庭教育服务机构有下列情形之一的，由主管部门责令限期改正；拒不改正或者情节严重的，由主管部门责令停业整顿、吊销营业执照或者撤销登记：

（一）未依法办理设立手续；

（二）从事超出许可业务范围的行为或作虚假、引人误解宣传，产生不良后果；

（三）侵犯未成年人及其父母或者其他监护人合法权益。

第五十三条　未成年人的父母或者其他监护人在家庭教育过程中对未成年人实施家庭暴力的，依照《中华人民共和国未成年人保护法》、《中华人民共和国反家庭暴力法》等法律的规定追究法律责任。

第五十四条　违反本法规定，构成违反治安管理行为的，由公安机关依法予以治安管理处罚；构成犯罪的，依法追究刑事责任。

第六章　附　则

第五十五条　本法自 2022 年 1 月 1 日起施行。

教育部办公厅关于学习宣传贯彻
《中华人民共和国家庭教育促进法》的通知

（2021 年 12 月 6 日　教基厅函〔2021〕46 号）

各省、自治区、直辖市教育厅（教委），新疆生产建设兵团教育局：

家庭教育关乎广大未成年人的健康成长和国家民族的长远发展。为认真学习宣传贯彻《中华人民共和国家庭教育促进法》（以下简称家庭教育促进法），现就有关要求通知如下。

一、充分认识重大意义。党的十八大以来，习近平总书记站在培养担当民族复兴大任时代新人的全局高度，对注重家庭家教家风建设作出一系列重要论述，为做好新时期家庭教育工作指明了前进方向。家庭教育促进法坚持以习近平新时代中国特色社会主义思想为指导，将社会主义核心价值观融入立法，明确了家庭教育以立德树人为根本任务，标志着家庭教育全面纳入法治实施轨道。各地各校要将学习宣传贯彻家庭教育促进法与贯彻落实习近平总书记关于家庭教育重要论述相结合，与深化基础教育改革发展相结合，与加快建设高质量教育体系相结合，不断提高家庭教育指导服务水平。

二、认真组织系统学习。各地要把学习宣传贯彻家庭教育促进法作为当前和今后一个时期的一项重要任务，强化组织领导，坚持领导干部带头学，深刻理解、准确把握法律精神和要求，细化完善学习方案，广泛组织开展宣讲，切实把法律的学习宣传工作抓紧抓实、抓出成效。学校党组织书记、校长要注重全面系统学、联系实际学，把法律要求融入到学校日常管理工作中，融入到教育教学工作中，切实履行家庭教育相关职责。广大教师要带着使命学、带着责任学，把法律要求融入教育教学具体实践，转化为教书育人的实际行动。要及时报道典型经验和做法，宣传学校组织学习情况，大力营造学习贯彻家庭教育促进法的良好氛围。

三、面向家长重点宣传。各地要积极运用各类媒体，广泛开辟宣传途径，向家长宣传法律的重要意义、地位作用和核心内容，引导家长树立科学教育观念，理性确定孩子成长目标，切实履行家庭教育主体责任，用正确思想、方法和行为教育未成年人养成良好思想、品行和习惯。要加强家校沟通，向广大家长宣传"双减"等重大教育政策，引导家长理解和支持学校工作，更加关注孩子健康成长，利用周末和节假日开展亲子活动，使素质教育的根本理念、立德树人的根本任务在家庭得到落实。要积极引导家长配合学校落实好手机、网游、读物、体质、睡眠等方面管理要求，针对每个家庭情况，开展精准指导，提高家长亲子沟通和教育引导能力，着力解决孩子成长中的难点问题。

四、加强学校指导服务。各地要推动学校将家庭教育指导服务纳入学校工作计划，建立健全家庭教育指导委员会、家长学校、家委会、学校公开日、家长会、家访等工作机制。要将家庭教育指导服务作为教师业务培训的内容，提高教师开展家庭教育的能力和水平。要加强对家庭教育工作的专业指导，发挥专家指导作用，推动完善家校社衔接配合机制，形成家校社协同育人有效模式。要会同妇联等部门协同推进覆盖城乡的家庭教育指导服务体系建设，依托家长学校和家庭教育指导服务站点，积极为公益性家庭教育指导服务活动提供支持。

各地学习宣传贯彻家庭教育促进法情况，请及时报告我部。

内蒙古自治区家庭教育促进条例

(2022年12月27日内蒙古自治区第十三届人民代表大会常务委员会第三十九次会议通过)

第一章 总 则

第一条 为了发扬中华民族重视家庭教育的优良传统，引导全社会注重家庭、家教、家风，增进家庭幸福与社会和谐，培养德智体美劳全面发展的社会主义建设者和接班人，根据《中华人民共和国家庭教育促进法》等国家有关法律、法规，结合自治区实际，制定本条例。

第二条 自治区行政区域内家庭教育的实施、指导、服务等活动，适用本条例。

本条例所称家庭教育，是指父母或者其他监护人为促进未成年人全面健康成长，对其实施的道德品质、身体素质、生活技能、文化修养、行为习惯等方面的培育、引导和影响。

第三条 家庭教育以立德树人为根本任务，培育和践行社会主义核心价值观，弘扬中华民族优秀传统文化、革命文化、社会主义先进文化，注重养成教育，促进未成年人健康成长。

第四条　家庭教育工作应当坚持中国共产党领导，全面贯彻党的教育方针，实行党委领导、政府主导、部门协作、家庭尽责、社会参与的家庭教育工作联动机制。

第五条　各级人民政府指导家庭教育工作，建立健全家庭学校社会协同育人机制。

教育行政部门、妇女联合会统筹协调社会资源，协同推进覆盖城乡的家庭教育指导服务体系建设，并按照职责分工承担家庭教育工作的日常事务。

旗县级以上人民政府负责妇女儿童工作的机构，组织、协调、指导、督促有关部门和单位做好家庭教育工作，建立相关部门和单位共同参与的家庭教育工作协调机制，明确各自职责，定期召开会议，联合开展调研督导。

各相关部门和单位应当主动向同级人民政府负责妇女儿童工作的机构报告家庭教育工作开展情况。

第六条　旗县级以上人民政府应当制定家庭教育工作专项规划，将家庭教育指导服务纳入城乡公共服务体系和政府购买服务目录，将相关经费列入财政预算，鼓励和支持以政府购买服务的方式提供家庭教育指导。

第七条　旗县级以上人民政府应当对在家庭教育工作中做出突出贡献的组织与个人，按照国家和自治区有关规定给予表彰、奖励。

第二章　家庭责任

第八条　未成年人的父母或者其他监护人承担对未成年人实施家庭教育的主体责任，应当针对不同年龄段未成年人的身心发展特点，用正确思想、方法和行为教育未成年人养成良好思想、品行和习惯。

第九条　未成年人的父母或者其他监护人应当将立德树人作为家庭教育的根本任务，推动明大德、守公德、严私德，将思想品德教育融入日常生活，引导未成年人树立正确的世界观、人生观、价值观。

第十条　未成年人的父母或者其他监护人应当教育引导未成年人践行社会主义核心价值观，深化爱国主义、集体主义、社会主义教育，着力培养担当民族复兴大任的时代新人。

第十一条　未成年人的父母或者其他监护人应当教育引导未成年人传承中华民族优秀传统文化，弘扬自强不息、厚德载物、讲信修睦、亲仁善邻等精神，坚定历史自信、文化自信。

未成年人的父母或者其他监护人应当教育引导未成年人学习和使用国家通用语言文字，促进中华文化认同和文化传承，铸牢中华民族共同体意识。

第十二条　未成年人的父母或者其他监护人应当树立良好家风，教育未成年人尊老爱幼、男女平等、夫妻和睦、勤俭节约、热爱劳动、睦邻友好，引导未成年人传承仁爱孝悌、谦和好礼、诚信知报、笃实宽厚等中华民族传统美德。

第十三条　未成年人的父母或者其他监护人应当营造良好家庭环境，构建文明、和睦的家庭关系，践行忠诚相爱、亲情陪伴、终身学习、绿色生态等现代家庭理念，满足未成年人身心发展需要，培养未成年人良好行为习惯和健康生活方式，提高未成年人的安全意识和自救自护能力。

第十四条　未成年人的父母或者其他监护人应当发挥榜样和示范作用，加强自身道德修养，增强法治观念，提升文明素养，培养健康良好的兴趣爱好，推动形成爱国爱家、相亲相爱、向上向善、共建共享的社会主义家庭文明新风尚。

第十五条 未成年人的父母或者其他监护人应当培养未成年人生态文明意识，树立珍惜资源、保护自然、与自然和谐相处的观念，自觉养成健康文明、绿色低碳的良好生活习惯。

第十六条 未成年人的父母或者其他监护人应当培养未成年人良好运动习惯，合理安排作息，引导未成年人科学用眼护眼，增强未成年人身体素质。

第十七条 未成年人的父母或者其他监护人应当关注未成年人心理健康，教导其珍爱生命，引导其正确对待挫折与压力，提高心理调适能力和社会交往能力。

未成年人的父母或者其他监护人应当引导未成年人树立正确的性别意识，正确认识两性关系，全面推进性别平等教育。

第十八条 未成年人的父母或者其他监护人应当帮助未成年人增强网上信息识别和自我防范意识，提高网络学习交流能力，引导其养成良好用网习惯，预防沉迷网络，自觉抵制网络不文明行为。

第十九条 未成年人的父母或者其他监护人应当尊重未成年人的身心发展规律和个体差异，帮助未成年人树立正确的成才观，引导其培养广泛兴趣爱好、健康审美追求和良好学习习惯，增强科学探索精神、创新意识和能力。

未成年人的父母或者其他监护人应当尊重未成年人的人格尊严，保护未成年人的隐私，尊重未成年人的知情权、参与权，重视听取并采纳未成年人的合理意见。

未成年人的父母或者其他监护人应当教育引导未成年人增强家庭和社会责任意识，培养未成年人勇毅担当、善作善成、公平竞争精神，鼓励未成年人自主选择、自我管理、自我服务，养成劳动习惯，提高劳动技能。

第二十条 未成年人的父母或者其他监护人应当参加有关国家机关、医疗保健机构、群团组织、嘎查村民委员会、居民委员会、学校和幼儿园开展的家庭教育指导活动，接受家庭教育指导。

未成年人的父母或者其他监护人参加家庭教育指导活动，其所在单位应当予以支持。

第二十一条 未成年人的父母或者其他监护人应当增加陪伴时间、提高陪伴质量，参与亲子阅读、体育锻炼、劳动实践、志愿服务等亲子陪伴活动，通过家庭会议、谈心交心、通信通讯等方式加强与未成年人的思想沟通和情感交流。

第二十二条 未成年人的父母因工作、学习或者其他原因不能与未成年子女共同生活的，应当委托有监护能力的其他成年人代为监护，签订委托监护协议，并将委托监护情况、外出地点及联系方式告知就读学校、幼儿园和所在嘎查村民委员会、居民委员会。

未成年人的父母应当保持同不在一起生活的未成年子女的沟通联系，通过定期团聚和电话、书信、新媒介等联系方式，及时掌握未成年子女的学习、生活和身心健康情况，有针对性地开展家庭教育。

第二十三条 未成年人的父母或者其他监护人应当主动与学校、幼儿园沟通未成年人的学习、生活和身心健康情况，配合学校和幼儿园做好未成年人教育工作。

未成年人的父母或者其他监护人履行家庭教育义务确有困难的，可以向未成年人所在学校、幼儿园或者居住地的嘎查村民委员会、居民委员会申请家庭教育指导和帮助。

第二十四条 未成年人的父母或者其他监护人应当依法履行监护和教育职责，增强监护责任意识和能力，以文明的方式进行家庭教育，不得实施家庭暴力。

第二十五条 未成年人的父母或者其他监护人应当预防和制止未成年人的不良行为、不安全行为和违法犯罪行为，并加强管教。

未成年人的父母或者其他监护人发现未成年人心理或者行为异常的，应当及时了解情况并进行教育、引导和劝诫，不得拒绝或者怠于履行监护职责。

第三章　政府推动

第二十六条 各级人民政府应当发挥在家庭教育工作中的主导作用，鼓励社会力量参与，强化支持保障，促进均衡发展，努力构建多方参与、协同育人的家庭教育新格局。

第二十七条 各级人民政府应当加强家风家教场所建设，开展家风家教宣传教育和实践活动。

第二十八条 旗县级以上人民政府应当加强对本行政区域内校外托管机构的监管，督促相关职能部门落实校外托管机构管理责任。

第二十九条 教育行政部门应当加强对中小学校、幼儿园的家庭教育工作管理，将家庭教育指导作为推进家校、家园共育的重要方式，纳入中小学校、幼儿园工作计划和教师业务培训。

第三十条 教育行政部门应当与卫生健康部门建立精神卫生医疗机构对学校心理健康教育及心理危机干预的支持协作机制，为所在区域中小学校提供医疗帮助。

教育行政部门应当设立或者依托相关专业机构，牵头负责组织所在区域中小学校开展心理健康测评工作，每年按照规定面向中小学校开展心理健康测评。

教育行政部门应当建立区域性的中小学生心理辅导中心，推动中小学建立健全心理辅导室，积极开展线上线下多种形式咨询辅导服务，定期面向所在区域中小学校提供业务指导、技能培训。

第三十一条　精神文明建设部门应当将家庭家教家风建设纳入群众性精神文明创建活动和未成年人思想道德建设工作体系，将家庭教育工作作为文明城市、文明村镇、文明单位、文明社区、文明家庭、文明校园等创建活动的重要内容。

第三十二条　公安机关、人民检察院、人民法院和司法行政部门应当加强法治宣传教育，提升家长及未成年人的法治意识。

公安机关、文化和旅游、广播电视、新闻出版、网信等有关部门应当加强对以未成年人为主要对象的视听节目、出版物和文化用品的审听、审看、审读和鉴定，依法及时处置淫秽色情低俗、暴力恐怖迷信、涉毒涉赌等有害视听节目、出版物、音像制品、文化用品及危害未成年人身心健康的有害信息。

第三十三条　妇女联合会应当推进城乡社区家长学校建设，动员社会力量，为城乡社区家长学校开展家庭教育指导服务提供支持。

第三十四条　妇女联合会发挥妇女在弘扬中华民族家庭美德、树立良好家风等方面的独特作用，宣传普及家庭教育知识，通过家庭教育指导机构、城乡社区家长学校、文明家庭建设等多种渠道组织开展家庭教育实践活动，提供家庭教育指导服务。

第三十五条　卫生健康部门应当指导医疗保健机构在开展婚前保健、孕产期保健、儿童保健、预防接种等服务时，面向服务对象开展多种形式的健康婚育、科学养育和婴幼儿早期发展宣传指导。

第三十六条　卫生健康、民政等部门应当与残疾人联合会加强确诊缺陷未成年人信息共享，提升未成年人致残性疾病发现、诊断、干预、康复能力，并给予其家庭必要的家庭教育指导和帮助。

第四章 社会协同

第三十七条 鼓励支持国家机关、企事业单位、社会团体、相关社会组织建立完善家庭学校社会协同育人机制，充分发挥家庭教育实验区、创新实践基地作用，面向社会和本单位职工家庭开展家庭教育指导服务。

第三十八条 中小学校、幼儿园应当充分利用家长委员会、家长会、家访、家长开放日、家长接待日等各种渠道，密切家校日常沟通。

第三十九条 中小学校、幼儿园应当引导家长主动与学校加强联系，合力解决未成年人使用电子产品、网络管理、心理健康等问题，支持未成年人参与社会实践，实现学校家庭社会在教育追求、教育资源、教育策略上的深度融合。

第四十条 中小学校应当将心理健康教育课纳入校本课程，并配备专职心理健康教育教师。

中小学校应当将心理健康教育作为必修内容纳入班主任及各学科教师岗前培训、业务进修、日常培训等各类培训中。

第四十一条 中小学校、幼儿园应当协助有关部门和单位建立困境未成年人的信息档案，开展关爱帮扶工作，对其父母或者其他监护人提供家庭教育指导。

第四十二条 中小学校、幼儿园教师应当研究家校合作、家园共育的内容、方法等，与家庭协调一致促进未成年人的身心健康发展。

第四十三条 嘎查村民委员会、居民委员会可以依托新时代文明实践站、妇女儿童活动场所、文化场馆等城乡社区公共服务设施，采取多种方式设立家长学校或者家庭教育指导服务站点，定期组织公益性的家庭教育指导服务活动，宣传普及家庭教育知识。

第四十四条　城乡社区应当积极开展各种公益性课外实践活动，促进未成年人身体健康、心理健康、心灵健康。

城乡社区应当积极争取相关部门支持与配合，统筹多方资源，开展家庭教育指导服务活动。

第四十五条　鼓励城乡社区探索建立家庭、学校、社会沟通平台，链接学校、社会的教育资源，为家长提供优质指导服务。

第四十六条　鼓励推广入户家访指导等适合农村牧区边远地区未成年人、困境未成年人的家庭教育服务模式。

鼓励家庭教育服务机构、志愿服务组织以及家庭教育志愿者开展农村牧区边远地区未成年人、困境未成年人家庭教育服务。

第四十七条　鼓励有条件的中小学校、幼儿园、城乡社区、用人单位等积极承担学生假期托管服务和因父母参与应对突发事件而无人照顾的未成年人的托管服务工作，并配合未成年人的父母或者其他监护人做好家庭教育有关工作。

校外托管机构应当加强与未成年人的父母或者其他监护人的沟通，协助未成年人的父母或者其他监护人照顾未成年人的生活并关注未成年人的身心健康。

第四十八条　支持和引导社会力量依托城乡社区提供普惠婴幼儿照护服务。

鼓励、支持用人单位以单独或者联合相关单位共同举办的方式，在工作场所为职工提供福利性婴幼儿照护服务，有条件的可以向附近居民开放。

鼓励、支持有条件的幼儿园为二至三周岁婴幼儿开设托班。

第五章　法律责任

第四十九条　违反本条例规定的行为，《中华人民共和国家庭教育促进法》等国家有关法律、法规已经作出具体处罚规定的，从其规定。

第五十条　未成年人的父母或者其他监护人不履行或者不正确履行家庭教育责任，或者有侵害人格尊严、实施家庭暴力、限制人身自由等侵害未成年人身心健康行为的，未成年人、有关个人或者组织有权向学校、未成年人的父母或者其他监护人所在的单位、嘎查村民委员会、居民委员会、街道办事处、苏木乡镇人民政府、公安机关、民政、教育、妇女联合会等求助、检举和控告，有关单位和组织应当及时受理，并根据自身职责采取相应措施。

第五十一条　公安机关、人民检察院、人民法院在办理案件过程中，发现未成年人存在严重不良行为或者实施犯罪行为，或者未成年人的父母或者其他监护人不正确实施家庭教育侵害未成年人合法权益的，根据情况对未成年人的父母或者其他监护人予以训诫，并可以责令其接受家庭教育指导。

妇女联合会、关心下一代工作委员会等群团组织共同督促前款中受到训诫或者接受家庭教育指导的未成年人的父母或者其他监护人依法履行家庭教育责任，并进行跟踪回访。

第五十二条　违反本条例规定，中小学校、幼儿园不履行或者不正确履行家庭教育指导服务职责的，由教育行政部门责令限期改正；情节严重的，对直接负责的主管人员和其他直接责任人员依法予以处分。

第六章　附　　则

第五十三条　本条例自 2023 年 3 月 1 日起施行。

郑州市实施《中华人民共和国家庭教育促进法》办法

(2022 年 7 月 1 日郑州市第十五届人民代表大会常务委员会第三十六次会议通过　2022 年 7 月 30 日河南省第十三届人民代表大会常务委员会第三十四次会议批准　2022 年 8 月 31 日郑州市人民代表大会常务委员会〔十五届〕第三十四号公告公布)

第一条　为了促进家庭教育事业发展，保障未成年人全面健康成长，根据《中华人民共和国家庭教育促进法》等法律、法规，结合本市实际，制定本办法。

第二条　本市行政区域内家庭教育的实施、指导、支持和服务等，适用本办法。

第三条　家庭教育促进工作应当坚持中国共产党的领导，实行政府主导、家庭尽责、学校指导、社会协同的工作机制。

第四条　市、县（市）、区人民政府应当制定家庭教育工作专项规划，将其纳入国民经济和社会发展规划，并将家庭教育工作纳入基层社会治理体系。

市、县（市）、区人民政府应当将家庭教育指导服务纳入城乡公共服务体系和政府购买服务目录，所需经费列入财政预算，用于家庭教育指导服务工作的宣传培训、研究交流、监测评估、实践活动等。

乡镇人民政府、街道办事处依法做好辖区内家庭教育促进相关工作。村（居）民委员会在乡镇人民政府、街道办事处指导下开展家庭教育促进相关工作。

第五条　市、县（市）、区人民政府应当建立家庭教育工作联席会议制度，研究家庭教育促进工作中的重大事项，推动家庭、学校、社会形成家庭教育合力。

市、县（市）、区人民政府设立的妇女儿童工作机构，负责组织、协调、指导、督促有关部门和单位做好家庭教育促进工作。

第六条　市、县（市）、区教育部门、妇女联合会统筹协调社会资源，协同推进覆盖城乡的家庭教育指导服务体系建设，并按照职责分工承担家庭教育工作的日常事务。

市、县（市）、区教育部门应当履行下列职责：

（一）督促中小学校、幼儿园通过建立家长学校等多种方式，定期开展公益性家庭教育指导服务和实践活动；

（二）将家庭教育指导纳入教师业务培训计划，培养家庭教育人才；

（三）将中小学校、幼儿园等的家庭教育指导服务工作纳入督导范围，实施教育督导评估；

（四）加强未成年人的心理健康教育，建立未成年人心理问题的早期发现和预警机制；

（五）依法承担其他家庭教育工作日常事务。

市、县（市）、区妇女联合会应当履行下列职责：

（一）加强对家庭教育指导机构（站点）建立、运行和发展等工作的指导；

（二）组织开展家庭教育宣传、培训和实践活动等工作；

（三）提供公益性家庭教育指导服务；

（四）加强对非营利性家庭教育服务机构的指导；

（五）依法承担其他家庭教育工作日常事务。

第七条　市、县（市）、区有关部门和单位应当按照下列规定做好家庭教育促进工作：

（一）精神文明建设工作机构将家庭教育工作纳入群众性精神文明创建活动和未成年人思想道德建设工作测评体系，在文明创建活动中，将家庭教育工作作为重要指标；

（二）民政部门负责督促婚姻登记、收养登记、儿童福利、未成年人救助保护等机构开展家庭教育指导服务活动；

（三）卫生健康部门负责组织协调相关部门共同做好三岁以下婴幼儿照护服务、医疗保健等机构的家庭教育指导管理工作。

公安、司法行政、人力资源和社会保障、文化广电和旅游、市场监督管理、体育、新闻出版、网信等部门和单位，在各自职责范围内做好家庭教育促进工作。

第八条 人民法院、人民检察院应当发挥职能作用，配合市、县（市）、区人民政府及其有关部门、妇女联合会、关心下一代工作委员会等，建立家庭教育工作联动机制，共同做好家庭教育促进工作。

第九条 全国家庭教育宣传周期间，国家机关、企业事业单位、人民团体、社会组织、村（居）民委员会等单位，可以通过公益宣传、广场活动、讲座、论坛、经验分享会等形式，开展家庭教育宣传及公益性指导服务活动。

第十条 父母或者其他监护人承担对未成年人实施家庭教育的主体责任，共同生活的具有完全民事行为能力的其他家庭成员协助、配合做好对未成年人的家庭教育。

未成年人的父母或者其他监护人应当注重家庭文化建设，知晓监护人法定权利和义务，学习家庭教育知识，掌握家庭教育理念和方法，提升科学实施家庭教育的能力。

未成年人的父母或者其他监护人应当根据不同年龄段未成年人的身心发展特点，有针对性地开展家庭教育，避免重智轻德、重知轻能，培养未成年人良好思想、品行和习惯。

第十一条　未成年人的父母或者其他监护人应当与未成年人共同生活，提高亲子陪伴质量，保持良好的亲子沟通。

未成年人的父母或者其他监护人，因外出务工或者其他原因依法委托他人代为照护时，应当听取未成年人的意见并做好心理疏导。

未成年人的父母或者其他监护人依法委托他人代为照护的，应当履行下列义务：

（一）及时将委托情况、外出地点和联系方式等信息告知未成年人就读学校及其住所地的村（居）民委员会，并加强沟通；

（二）定期与未成年人、被委托人联系，及时了解未成年人生活、学习、心理等情况；

（三）发现未成年人心理、行为异常时，应当及时采取相应措施。

被委托人应当依法履行照护职责，并将未成年人的有关情况及时告知委托人、未成年人就读学校及其住所地的村（居）民委员会。

第十二条　未成年人的父母或者其他监护人不履行家庭教育责任，或者采用暴力、侮辱等不当方式实施家庭教育的，任何组织和个人有权向村（居）民委员会、妇女联合会以及民政、教育、公安等部门和单位求助、举报。

接到求助、举报的部门和单位应当对有前款不当行为的父母或者其他监护人予以批评教育、劝诫制止，属于本部门和单位职责的，及时依法处理；不属于本部门和单位职责的，按照规定移送有权机关处理。

第十三条　市、县（市）、区人民政府可以通过设立、指定或者购买服务等途径和方式确定家庭教育指导机构。通过购买服务方式确定家庭教育指导机构的，在同等条件下优先选择非营利性社会组织。

家庭教育指导机构负责开展下列家庭教育指导工作：

（一）开展家庭教育研究，普及推广家庭教育知识和经验；

（二）培训家庭教育服务人员及志愿者，建立家庭教育人才库；

（三）开展家庭教育领域的业务交流及合作；

（四）指导社区家长学校、学校家长学校及其他家庭教育指导服务站点开展活动；

（五）研发家庭教育类公共服务产品；

（六）市、县（市）、区人民政府确定的其他职责。

第十四条 市、县（市）、区教育部门、妇女联合会通过开设网络家长学校、开通家庭教育网络指导服务平台、研发家庭教育指导服务新媒体产品、制播家庭教育网络课程等形式，免费提供家庭教育网络公共服务，逐步实现资源共享。

第十五条 中小学校、幼儿园可以通过家长学校、家长会、家访、家长开放日、家长接待日、校报校刊、学校网站、即时通讯工具等方式和途径，定期组织家庭教育信息交流，开展公益性家庭教育指导服务和家庭教育实践活动。

第十六条 村（居）民委员会可以通过社区家长学校等家庭教育指导服务站点，配合家庭教育指导机构，每季度至少开展一次家庭教育活动，提供公益性家庭教育指导服务。

第十七条 鼓励和支持建设家风馆、家风文化广场、家风文化廊道等家风家教场所，开展家风家教宣传教育和实践活动。

村（居）民委员会可以利用公共文化中心、文化庭院、名人旧居等场所设立家风家教基地，开展家风家教教育活动。

第十八条 广播、电视、报刊、互联网等新闻媒体应当定期宣传正确的家庭教育知识，传播科学的家庭教育理念和方法，营造重视家庭教育的良好社会氛围。

鼓励和支持利用公共交通工具、户外屏幕、广告栏、宣传栏等进行家庭教育公益宣传。

鼓励和支持移动通信经营等单位免费推送家庭教育知识相关信息。

第十九条 家庭教育服务机构应当依法登记，其从业人员应当具备教育学、心理学、社会学等专业知识。

市、县（市）、区人民政府及其教育部门、妇女联合会等部门和单位可以采取政府补贴、奖励激励、购买服务等措施，培育家庭教育服务机构。

教育、民政、卫生健康、市场监督管理等部门应当在各自职责范围内，加强对家庭教育服务机构的规范和管理，并将家庭教育服务机构的注册信息和具有一定社会影响的行政处罚信息向社会公开。

第二十条 市、县（市）、区人民政府应当建立留守未成年人、困境未成年人关爱救助机制，组织民政、教育、卫生健康、司法行政等部门和妇女联合会、关心下一代工作委员会，为有下列情形的留守未成年人、困境未成年人提供家庭教育帮扶和指导：

（一）父母或者其他监护人死亡、下落不明、重病、重度残疾或者因服刑、被强制隔离戒毒以及被采取其他限制人身自由的措施等不能履行家庭教育责任的；

（二）父母或者其他监护人因实施家庭暴力等不当家庭教育方式，危害未成年人身心健康的；

（三）留守未成年人家庭、经济困难家庭等实施家庭教育存在严重困难的；

（四）遭受侵害或者经历其他重大变故的；

（五）残疾未成年人等需要特殊教育的。

乡镇人民政府、街道办事处应当建立留守未成年人、困境未成年人信息档案，实行一人一档、动态管理，为家庭教育帮扶和指导提供信息支持。村（居）民委员会应当全面排查、定期走访，掌握辖区内留守未成年人、困境未成年人的家庭教育情况；发现新增留守未成年人、困境未成年人的，及时向乡镇人民政府、街道办事处报告。

第二十一条　市、县（市）、区教育部门、妇女联合会等部门和单位应当采取鼓励措施，定期组织具有教育、心理、法律、社会工作等专业知识或者实践经验的社会工作者、志愿者积极参加家庭教育指导服务活动，促进家庭教育专业化、规范化。

第二十二条　违反本办法规定的行为，法律、法规已有法律责任规定的，从其规定。

第二十三条　本办法自 2022 年 10 月 1 日起施行。

最高人民法院、全国妇联印发
《关于开展家庭教育指导工作的意见》的通知

（2023 年 5 月 29 日　法发〔2023〕7 号）

各省、自治区、直辖市高级人民法院、妇联，解放军军事法院，新疆维吾尔自治区高级人民法院生产建设兵团分院，新疆生产建设兵团妇联：

为促进未成年人的父母或者其他监护人依法履行家庭教育职责，维护未成年人合法权益，预防未成年人违法犯罪，保障未成年人健康成长，根据《中华人民共和国未成年人保护法》、《中华人民共和国预防未成年人犯罪法》、《中华人民共和国家庭教育促进法》等法律规定，结合司法实践，最高人民法院、全国妇联联合制定了《关于开展家庭教育指导工作的意见》。现予以印发，请结合实际认真贯彻执行。在执行中遇到的问题，请及时分别报告最高人民法院、全国妇联。

最高人民法院　全国妇联
关于开展家庭教育指导工作的意见

为促进未成年人的父母或者其他监护人依法履行家庭教育职责，维护未成年人合法权益，预防未成年人违法犯罪，保障未成年人健康成长，根据《中华人民共和国未成年人保护法》、《中华人民共和国预防未成年人犯罪法》、《中华人民共和国家庭教育促进法》等法律规定，结合工作实际，制定本意见。

一、总体要求

1. 人民法院开展家庭教育指导工作，应当坚持以下原则：

（1）最有利于未成年人。尊重未成年人人格尊严，适应未成年人身心发展规律，给予未成年人特殊、优先保护，以保护未成年人健康成长为根本目标；

（2）坚持立德树人。指导未成年人的父母或者其他监护人依法履行家庭教育主体责任，传播正确家庭教育理念，培育和践行社会主义核心价值观，促进未成年人全面发展、健康成长；

（3）支持为主、干预为辅。尊重未成年人的父母或者其他监护人的人格尊严，注重引导、帮助，耐心细致、循循善诱开展工作，促进家庭和谐、避免激化矛盾；

（4）双向指导、教帮结合。既注重对未成年人的父母或者其他监护人的教育指导，也注重对未成年人的教育引导，根据情况和需要，帮助解决未成年人家庭的实际困难；

（5）专业指导、注重实效。结合具体案件情况，有针对性地确定家庭教育指导方案，及时评估教育指导效果，并视情调整教育指导方式和内容，确保取得良好效果。

2. 人民法院在法定职责范围内参与、配合、支持家庭教育指导服务体系建设。在办理涉未成年人刑事、民事、行政、执行等各类案件过程中，根据情况和需要，依法开展家庭教育指导工作。

妇联协调社会资源，通过家庭教育指导机构、社区家长学校、文明家庭建设等多种渠道，宣传普及家庭教育知识，组织开展家庭教育实践活动，推进覆盖城乡的家庭教育指导服务体系建设。

各级人民法院、妇联应当加强协作配合，建立联动机制，共同做好家庭教育指导工作。

二、指导情形

3. 人民法院在审理离婚案件过程中，对有未成年子女的夫妻双方，应当提供家庭教育指导。

对于抚养、收养、监护权、探望权纠纷等案件，以及涉留守未成年人、困境未成年人等特殊群体的案件，人民法院可以就监护和家庭教育情况主动开展调查、评估，必要时，依法提供家庭教育指导。

4. 人民法院在办理案件过程中，发现存在下列情形的，根据情况对未成年人的父母或者其他监护人予以训诫，并可以要求其接受家庭教育指导：

（1）未成年人的父母或者其他监护人违反《中华人民共和国未成年人保护法》第十六条及《中华人民共和国家庭教育促进法》第二十一条等规定，不依法履行监护职责的；

（2）未成年人的父母或者其他监护人违反《中华人民共和国未成年人保护法》第十七条、第二十四条及《中华人民共和国家庭教育促进法》第二十条、第二十三条的规定，侵犯未成年人合法权益的；

（3）未成年人存在严重不良行为或者实施犯罪行为的；

（4）未成年人的父母或者其他监护人不依法履行监护职责或者侵犯未成年人合法权益的其他情形。

符合前款第二、第三、第四项情形，未成年人的父母或者其他监护人拒不接受家庭教育指导，或者接受家庭教育指导后仍不依法履行监护职责的，人民法院可以以决定书的形式制发家庭教育指导令，依法责令其接受家庭教育指导。

5. 在办理涉及未成年人的案件时，未成年人的父母或者其他监护人主动请求对自己进行家庭教育指导的，人民法院应当提供。

6. 居民委员会、村民委员会、中小学校、幼儿园等开展家庭教育指导服务活动过程中，申请人民法院协助开展法治宣传教育的，人民法院应当支持。

三、指导要求

7. 人民法院应当根据《中华人民共和国家庭教育促进法》第十六条、第十七条的规定，结合案件具体情况，有针对性地确定家庭教育的内容，指导未成年人的父母或者其他监护人合理运用家庭教育方式方法。

8. 人民法院在开展家庭教育指导过程中，应当结合案件具体情况，对未成年人的父母或者其他监护人开展监护职责教育：

（1）教育未成年人的父母或者其他监护人依法履行监护责任，加强亲子陪伴，不得实施遗弃、虐待、伤害、歧视等侵害未成年人的行为；

（2）委托他人代为照护未成年人的，应当与被委托人、未成年人以及未成年人所在的学校、婴幼儿照顾服务机构保持联系，定期了解未成年人学习、生活情况和心理状况，履行好家庭教育责任；

（3）未成年人的父母分居或者离异的，明确告知其在诉讼期间、分居期间或者离婚后，应当相互配合共同履行家庭教育责任，任何一方不得拒绝或者怠于履行家庭教育责任，不得以抢夺、藏匿未成年子女等方式争夺抚养权或者阻碍另一方行使监护权、探望权。

9. 人民法院在开展家庭教育指导过程中，应当结合案件具体情况，对未成年人及其父母或者其他监护人开展法治教育：

（1）教育未成年人的父母或者其他监护人树立法治意识，增强法治观念；

（2）保障适龄未成年人依法接受并完成义务教育；

（3）教育未成年人遵纪守法，增强自我保护的意识和能力；

（4）发现未成年人存在不良行为、严重不良行为或者实施犯罪行为的，责令其父母或者其他监护人履行职责、加强管教，同时注重亲情感化，并教育未成年人认识错误，积极改过自新。

10. 人民法院决定委托专业机构开展家庭教育指导的，也应当依照前两条规定，自行做好监护职责教育和法治教育工作。

四、指导方式

11. 人民法院可以在诉前调解、案件审理、判后回访等各个环节，通过法庭教育、释法说理、现场辅导、网络辅导、心理干预、制发家庭教育责任告知书等多种形式开展家庭教育指导。

根据情况和需要，人民法院可以自行开展家庭教育指导，也可以委托专业机构、专业人员开展家庭教育指导，或者与专业机构、专业人员联合开展家庭教育指导。

委托专业机构、专业人员开展家庭教育指导的，人民法院应当跟踪评估家庭教育指导效果。

12. 对于需要开展专业化、个性化家庭教育指导的，人民法院可以根据未成年人的监护状况和实际需求，书面通知妇联开展或者协助开展家庭教育指导工作。

妇联应当加强与人民法院配合，协调发挥家庭教育指导机构、家长学校、妇女儿童活动中心、妇女儿童之家等阵地作用，支持、配合人民法院做好家庭教育指导工作。

13. 责令未成年人的父母或者其他监护人接受家庭教育指导的，家庭教育指导令应当载明责令理由和接受家庭教育指导的时间、场所和频次。

开展家庭教育指导的频次，应当与未成年人的父母或者其他监护人不正确履行家庭教育责任以及未成年人不良行为或者犯罪行为的程度相适应。

14. 人民法院向未成年人的父母或者其他监护人送达家庭教育指导令时，应当耐心、细致地做好法律释明工作，告知家庭教育指导对保护未成年人健康成长的重要意义，督促其自觉接受、主动配合家庭教育指导。

15. 未成年人的父母或者其他监护人对家庭教育指导令不服的，可以自收到决定书之日起五日内向作出决定书的人民法院申请复议一次。复议期间，不停止家庭教育指导令的执行。

16. 人民法院、妇联开展家庭教育指导工作，应当依法保护未成年人及其父母或者其他监护人的隐私和个人信息。通过购买社会服务形式开展家庭教育指导的，应当要求相关机构组织及工作人员签订保密承诺书。

人民法院制发的家庭教育指导令，不在互联网公布。

17. 未成年人遭受性侵害、虐待、拐卖、暴力伤害的，人民法院、妇联在开展家庭教育指导过程中应当与有关部门、人民团体、社会组织互相配合，视情采取心理干预、法律援助、司法救助、社会救助、转学安置等保护措施。

对于未成年人存在严重不良行为或者实施犯罪行为的，在开展家庭教育指导过程中，应当对未成年人进行跟踪帮教。

五、保障措施

18. 鼓励各地人民法院、妇联结合本地实际，单独或会同有关部门建立家庭教育指导工作站，设置专门场所，配备专门人员，开展家庭教育指导工作。

鼓励各地人民法院、妇联探索组建专业化家庭教育指导队伍，加强业务指导及专业培训，聘请熟悉家庭教育规律、热爱未成年人保护事业和善于做思想教育工作的人员参与家庭教育指导。

19. 人民法院在办理涉未成年人案件过程中，发现有关单位未尽到未成年人教育、管理、救助、看护等保护职责的，应当及时向有关单位发出司法建议。

20. 人民法院应当结合涉未成年人案件的特点和规律，有针对性地开展家庭教育宣传和法治宣传教育。全国家庭教育宣传周期间，各地人民法院应当结合本地实际，组织开展家庭教育宣传和法治宣传教育活动。

21. 人民法院、妇联应当与有关部门、人民团体、社会组织加强协作配合，推动建立家庭教育指导工作联动机制，及时研究解决家庭教育指导领域困难问题，不断提升家庭教育指导工作实效。

22. 开展家庭教育指导的工作情况，纳入人民法院绩效考核范围。

23. 人民法院开展家庭教育指导工作，不收取任何费用，所需费用纳入本单位年度经费预算。

六、附则

24. 本意见自 2023 年 6 月 1 日起施行。

图书在版编目（CIP）数据

中华人民共和国家庭教育促进法普法讲堂／张婧著
．—北京：中国法制出版社，2023.11
ISBN 978-7-5216-3564-5

Ⅰ.①中… Ⅱ.①张… Ⅲ.①家庭教育-教育法-基
本知识-中国 Ⅳ.①D922.164

中国国家版本馆 CIP 数据核字（2023）第 090256 号

策划编辑：陈兴　　　　　　责任编辑：白天园　　　　　　封面设计：杨鑫宇

中华人民共和国家庭教育促进法普法讲堂
ZHONGHUA RENMIN GONGHEGUO JIATING JIAOYU CUJINFA PUFA JIANGTANG

著者／张婧
经销／新华书店
印刷／三河市紫恒印装有限公司
开本／730 毫米×1030 毫米　16 开　　　　　印张／14.5　字数／151 千
版次／2023 年 11 月第 1 版　　　　　　　　2023 年 11 月第 1 次印刷

中国法制出版社出版
书号 ISBN 978-7-5216-3564-5　　　　　　　　　　　　　定价：49.00 元

北京市西城区西便门西里甲 16 号西便门办公区
邮政编码：100053
　　　　　　　　　　　　　　　　　　　　　传真：010-63141600
网址：**http：//www.zgfzs.com**
　　　　　　　　　　　　　　　　　　编辑部电话：**010-63141792**
市场营销部电话：**010-63141612**
　　　　　　　　　　　　　　　　　　印务部电话：**010-63141606**

（如有印装质量问题，请与本社印务部联系。）